台湾研究系列

陈先才 著

『台独』风险

九州出版社
JIUZHOUPRESS

图书在版编目（CIP）数据

"台独"风险 / 陈先才著. -- 北京 ：九州出版社，
2019.12（2025.3重印）
ISBN 978-7-5108-8599-0

Ⅰ. ①台… Ⅱ. ①陈… Ⅲ. ①台湾问题－研究 Ⅳ.
①D618

中国版本图书馆CIP数据核字(2019)第279549号

"台独"风险

作　　者	陈先才　著
出版发行	九州出版社
地　　址	北京市西城区阜外大街甲 35 号（100037）
发行电话	（010）68992190/3/5/6
网　　址	www.jiuzhoupress.com
电子信箱	jiuzhou@jiuzhoupress.com
印　　刷	鑫艺佳利（天津）印刷有限公司
开　　本	720 毫米 ×1020 毫米　16 开
印　　张	11
字　　数	175 千字
版　　次	2019 年 12 月第 1 版
印　　次	2025 年 3 月第 3 次印刷
书　　号	ISBN 978-7-5108-8599-0
定　　价	42.00 元

目　录

前 言

随着民进党于 2016 年在台湾政坛的重新崛起，关于"台独"风险的各种讨论越来越多，究其原因，还是人们对民进党主政下的两岸关系状况很不放心，甚至有相当程度的疑虑。

从民进党发展、演进的历史轨迹来看，虽然民进党的大陆政策在过去三十多年里有一些调整，诸如"台独党纲"通过之后，很快就通过了"台湾前途决议文"来加以平衡，特别是在蔡英文担任党主席时期，民进党更是将其两岸政策定调为"维持现状"，尽管如此，民进党并没有真正去处理"台独党纲"问题，更没有放弃"去中""反中""仇中"之政治意识形态。换言之，民进党大陆政策在过去的几十年里，无论其论述如何调整，但其反对"两岸同属一个国家"的基本政治立场并未有任何实质性的改变。这或许是人们对民进党重新执政后倍感焦虑的深刻根源之所在。

从两岸互动的现实层面来观察，民进党此番重新执政后，由于民进党不愿意回归到"九二共识"的政治基础上来，两岸关系迅速跌入谷底，不仅使马英九时期所形成的两岸和平发展局面遭受重创，而且大大加剧了两岸对抗的情绪，海峡两岸的冲突不断升级，台海风险与危机爆发的隐患不断增加。

"独立"，向来是一个极具魔幻力的动听词汇，尤其在一些殖民地或民族冲突地区，"独立"似乎已经成为一个图腾，把同民族的所有人团结在一起。但对于海峡两岸而言，毕竟文化与历史相同，特别是在同为中华民族一分子的台湾，"台独"到底是谁的"台独"，"独立"的母体何在？中华民族有着悠久的历史文化传统，尤其是根深蒂固的大一统观念深刻影响中国人数千年，台湾"独派"人士所追求的"台独"到底是一种政治理念，还是政治权力斗争的工具？或者二者兼有，不得而知。但从台湾过去数十年以来的民意调查资料来观察，绝大多数民调显示"台独"并没有成为台湾社会的主流价值或全体共识。

纵观世界历史，几乎所有国家的统一都是以战争形式完成的。在中国历史长河中，"分久必合"已经成为铁律。九次"大一统"和三次收复台湾，没有哪一次不是最后通过武力手段来实现的。然而，中国共产党肩负着民族复兴与和平发展的历史使命，在台湾问题上始终以宽容、博爱、仁义之胸襟，坚持以和平方式实现国家统一。尽管大陆有足够的信心与耐心，来推动两岸的最终完全统一，但对于"台独"势力的分裂活动则不可能允许其得逞。这也是大陆在遏制"台独"问题上立场始终坚定的原因所在。

民进党长期以"台湾主体意识"自称，但在 2008 年的选举中却被台湾主流民意所抛弃。尽管民进党在 2016 年挟持巨大优势重新执政，但事隔两年之后，民进党在 2018 年的台湾地区"九合一"选举中惨败，其执政县市由之前的 13 席猛跌至区区 6 席，民进党败象大露。民进党在这次选举中大打统"独"牌，污称大陆介入台湾选举，但从选举结果来看，选民对民进党操作两岸议题的老套做法显然不以为然，台湾民意对民进党长期靠操弄政治意识形态来获取选票的把戏相当反感。

此外，这次选举的结果对"台独"势力而言也是一个极大的挫败，民众用选票否决了"台独"势力推动的"东京奥运正名公投"，彰显出台湾多数民意对极端"台独"势力的挑衅行为予以抵制。

尽管如此，毕竟民进党还在台湾地区拥有执政权，两岸对立紧张情势持续上升，"台独"极端势力企图破坏两岸关系，推动"台独"分裂活动的动作不会自动停止，"台独"分离主义势力与境外势力的勾搭不断强化，这些都有可能会使台海情势不断升级，台海重大危机爆发的可能性无法排除。

换言之，民进党重新执政后，"台独"风险客观存在，不能有任何的丝毫大意。

第一章　两岸风雨七十年

自 1949 年以来，两岸关系已走过 70 年的时光。在这 70 年里，两岸关系谱写了一曲悲欢离合的历史，其间既有刀光剑影，又有觥筹交错，既开创了两岸领导人时隔 66 年之久而会面的历史新局，又有不少结构性的矛盾依然无法化解。尽管如此，两岸关系发展的历程决定了"台独"完全是一条行不通的歪路，两岸和平统一的前景可期，尽管其过程艰难而曲折。

第一节　海峡两岸隔海对峙

一、国共内战与蒋介石退台

20 世纪 40 年代中后期发生在中国的国共内战，无疑是影响当代中国历史进程的重要事件，更是台湾问题形成的历史源头。

第二次世界大战结束后，尽管日本法西斯势力宣告投降，中国人民的抗日战争取得了重大的胜利，但中国国内的政局形势并未好转，当时中国国内最大的两股政治势力，中国国民党和中国共产党由于在中国未来的发展道路、制度选择等重大问题上存在着根本性的分歧，最终国共两党于 1946—1949 年期间爆发了大规模的军事冲突。

尽管当时中国国民党是执政党，但由于整个国民党统治阶层的问题非常严重，完全失去了广大民众的信任，而中国共产党的主张得到了绝大多数人的支持，也就是人心向背的问题。国共内战的形势逐渐转向对中国共产党有利的方向发展。共产党和国民党经过辽沈、平津及淮海等三大战役的对决，最终国民党军队惨败，使国民党在大陆地区的统治基础完全瓦解。

国民党作为当时统率整个中国的执政党，为何在短短三年的内战中就以失败而告终。其原因众说纷纭，不一而定。但最为核心的原因主要有以下：

（一）国民党政权完全失去了民心

民心向背对任何一个政权而言都是至关重要的。国民党在抗战结束后短短三年多的时间里就丢掉执政权，最为根本的原因就在于它失去了广大民众的支持。一个完全失去了民心支持的政权，当然不可能长久。

在内战之初，无论是军事装备还是兵员数量上，共产党都处于下风，国民党拥有非常明显的优势，但由于国民党失去了人民的支持，逐渐在战场上变得被动。国民党之所以失去民心，在很大程度上就是由于腐败问题。国民党当时的腐败，其程度之严重，可以说是系统性的、全局性的腐败。

抗日战争胜利后，在国民党接收大员的操纵下，"接收"变成了"劫收"，使人民从"想中央，盼中央"，变成了"中央来了更遭殃"，这是抗战胜利后国民党政权丧失民心的起点。正是由于他们的恶劣行径，国民党政府很快失去威望。换言之，正是由于国民党政府违反了广大人民的利益，所以得不到人民的支持，最后为人民所抛弃。

除了整个官场的腐败外，当时军队尤其是军官的腐败现象非常严重，导致军队丧失战斗力。1949 年 8 月，时任美国国务卿的艾奇逊在给杜鲁门总统的信中这样写道："我们在中国的军事观察家曾报告说，国军在具有决定性的 1948 年内，没有一次战役的失败是由于缺乏武器或弹药。事实上，我们的观察家于战争初期在重庆所看到的腐败现象，已觉察出国民党的抵抗力量受到致命的削弱。国民党的领袖们对于他们所遭遇的危机，是无能为力的。国民党的部队已丧失了斗志，国民党的政府已经失去了人民的支持。"[1]事实上，对于腐败这一点，蒋介石本人也是有所认识的。蒋介石在败逃台湾后的检讨中，也曾指出："军队中表现出的贪污腐败，真是无奇不有，简直难以想象。""这样的军队就不能不走向失败。"[2]

（二）国民党政权在军事上的失利

国民党统治集团于 1946 年 6 月发动全面内战，尽管内战初期国民党军队占据了不少地盘，但很快中国共产党军队发起了反攻，经过辽沈、平津、淮海等

---

[1] ［美］艾奇逊：《国民党军队是自行瓦解的》，载引自启跃编：《国民党是怎样丢掉大陆的》，乌鲁木齐：新疆人民出版社，1997 年版，第 7 页。

[2] 蒋介石：《在"戡乱建国"干部训练班开学典礼上的讲话》，载《"先总统"蒋公全集》（2），台北：正中书局，1978 年版，第 893 页

三大战役，国共两党进行了战略上的总对决，最终以国民党的惨败而告终。此后，中国共产党领导的人民解放军发动了渡江战役，继续向华东、华南、西南、西北等地进攻。国民党在大陆军事上的完全失败，自然也使其在大陆的统治被迫终结。1949 年 10 月 1 日，中华人民共和国中央人民政府成立，正式宣告国民党政权在大陆的彻底失败。在国共内战中遭受失败的国民党政权并不甘心，蒋介石集团带领残兵败将逃往台湾，企图以此东山再起。据相关资料统计，蒋介石当时带领党政军商等人士约 200 万人的规模逃到台湾。由于当时解放军在海空军等方面的力量严重不足，这也使得当时解放军对台湾的军事行动受到很大的制约。

1949 年 7 月上旬，解放军第三野战军第 10 兵团进入福建，准备解放台湾。解放军 10 月 17 日解放厦门，10 月 24 日发起金门战役。然而由于犯了轻敌的错误和不擅长渡海登岛作战，加之不熟悉海况等因素，解放军登岛失利。金门战役失利后，解放军于同年 11 月发动登步岛战役，尽管在初期取得了优势，但由于后续支撑不足仍以失败告终。金门战役和登步岛战役的失败，为解放军渡海作战提供了宝贵经验。1949 年 12 月 31 日，中共中央发出《告前线将士和全国同胞书》，指出"解放台湾、海南岛和西藏……完成统一中国的事业"[①]是中国人民的光荣任务。

二、人民解放军攻台受阻

尽管在金门战役中遭受挫折，但人民解放军进军台湾的准备仍然在紧张进行，但就在这个重要的时候，国际形势发生了重大变化。1950 年朝鲜战争爆发，美国派第七舰队侵入台湾海峡，阻止解放军进攻台湾，由此产生台湾问题，并导致台海军事态势发生重大变化。

由于当时美军军力强大，挟持着第二次世界大战后军事实力最为强大国家的光环，公然介入台湾问题。1950 年 6 月 25 日，朝鲜战争爆发。6 月 27 日，美国总统杜鲁门发表声明："本人已命令美国第七舰队防止对台湾之任何攻击，同时本人并已请求台湾之中国政府停止对大陆之一切海、空军活动。第七舰队将观察此一要求是否已付诸实施。"[②]6 月 28 日，美军驱逐舰"布拉什"号（USS Brush DD-75）开进基隆港。7 月 28 日，美军巡洋舰"朱诺"号（USS Junesu

---

① 参见 1949 年 12 月 31 日中共中央发表的《告前线将士和全国同胞书》。
② 《杜鲁门回忆录》下卷，北京：东方出版社，2007 年版，第 424 页。

CLAA-119）以及 2 艘潜艇"猫鱼"号（USS Catfish SS-339）、"梭鱼"号（USS Maddox DD 731）开进台湾海峡，进行为期十天的"巡逻"。8 月 4 日，时任第七舰队司令史枢波中将受命正式成立负责"台湾巡逻"的 77.3 特遣群，8 月 24 日命名为"台湾海峡部队"，不久又将其中的水面舰艇另组成 72.1 特遣群，1955 年更名为"巡逻水面部队"，1958 年又改称为"美国台湾海峡巡逻队"，直到 1959 年 11 月 1 日才定名为"台湾巡逻部队"。

　　"台湾巡逻部队"的"巡逻"作业主要分为水面与空中两种。水面巡逻以驱逐舰为主，通常都是单舰执行，如果遭受威胁或攻击，第七舰队的机、舰则随时进行支持。美军将台湾海峡南、北两边划分为数个区域，并标记为 N1、N2……S1、S2 等。巡逻军舰一般依据排定的作战计划由基隆港或高雄港出发，在目标区域内依天候、海象选定航线来回侦察巡逻，一般每趟任务为期五至六天，任务结束后回基隆港或高雄港调整补给。巡逻军舰通常保持乙级战备，一出港就实施灯火管制，枪炮队分左右值班（即一半人员执勤），主指挥、主副炮全员备勤，作战部门更是随时戒备，任何时间只要从雷达或瞭望发现不明目标，都必须尽快确认目标。由于台湾海峡是"冷战时期"的"热点"地区，美军也把此作为一个重要的练兵海域，从 1950 年到 1952 年的两年时间里，整个太平洋舰队的驱逐舰都轮流纳编过 72.1 特遣群，有的还不止一次，巡逻密度之大可见一斑。"台湾巡逻部队"除巡逻台湾海峡外，还担负着电讯侦测、训练台湾海军及与台军联合行动等任务。电讯侦测方面："台湾巡逻部队"的少数军舰加装了特殊设备，以顺道定期对大陆的通信情报进行侦测，主要目的在于确保能第一时间掌握解放军在沿海的集结动向，防止解放军突然渡海解放台湾。

　　由于当时解放军方面没有能力与美国现代化的海军进行海上较量，毛泽东表示，"形势的变化给我们打台湾添了麻烦，因为有美国在台湾海峡挡着"，只好把"打台湾的时间往后推延"。[①] 与此同时，1950 年 6 月 27 日，美国总统又宣布将出兵南朝鲜（韩国），中国东北边防以及可能的增援朝鲜的问题日益紧迫，中国的战略重点也被迫转向东北地区。至此，进攻台湾的准备工作逐渐停顿下来，以至最终不得不在事实上放弃了这一作战计划。

---

① 《萧劲光回忆录》续集，北京：解放军出版社，1989 年版，第 34 页。

第二节　海峡两岸长期对抗

一、冷战格局形成与两岸对抗

1950 年朝鲜战争爆发后，美国派第七舰队侵入台湾海峡，阻止解放军进兵台湾，由此产生台湾问题，并导致台海军事态势发生重大变化。在整个 20 世纪 50 年代，两岸对于东南沿海岛屿的争夺非常激烈。一方面，解放军于 1950 年解放了海南岛、舟山群岛，并于 1955 年发动一江山岛战役，顺利攻占一江山岛，并进而解放大陈岛等浙东岛屿。① 另一方面，在此时期国民党军队加强了对大陆沿海地区的偷袭活动。例如，1953 年爆发的东山岛战役，就是国民党军最后一次"反攻大陆"的军事作战行动。解放军东山岛防御战的胜利，使国民党当局认识到"反攻大陆"的"桥头阵地计划"成为泡影。这也是大陆军民在打击国民党军登陆窜犯活动中最大的一次胜利。

这一期间，随着美苏冷战局面的形成，东西方两大阵营对抗的氛围不断加剧，美国也不断介入台海局势，台湾问题的解决也变得越来越复杂。1954 年 12 月，美台签订"共同防御条约"，由于美国直接为台湾地区担任安全保障，使得我方解决台湾问题的成本大为提高。在 20 世纪 50 年代，海峡两岸对于沿海岛屿争夺最为激烈的地区在金门，在此时期先后发生两次大规模炮击金门的行动，尤其是 1958 年"金门炮战"更是创造了世界军事史上的奇迹。以 1958 年"金门炮战"为代表的炮击金门行动沉重打击了国民党在大陆沿海地区的肆意攻击、破坏的嚣张气焰。而炮击金门中形成的"单打双停"的惯例也成为双方反制美国"划峡而治"阴谋的有力筹码。此后炮战逐渐成为象征性的交火，炮击几乎都是有意识打在对方空旷无人地带，滩头或者无工事的山头，尽量不造成人员死亡，而到炮战末期则逐渐变为打宣传弹。

进入 20 世纪 60 年代，蒋介石制定了企图"反攻大陆"的秘密作战计划，即"国光计划"。尽管"国光计划"最终未能实行，② 但在"国光计划""反攻大陆"的宣传下，台湾当局掀起了小股武装窜扰大陆的高潮。1965 年是两岸军事

---

① 刘统：《跨海之战：金门·海南·一江山》，北京：生活·读书·新知三联书店，2010 年版，第 488—489 页。

② 1972 年 7 月 20 日台湾方面正式宣告终止"国光计划"。

冲突比较集中与激烈的一年，解放军与国民党军先后爆发了东引海战、东山海战、乌丘屿海战等战斗，但均以国民党方面的失败告终。至此，国民党海军在遭到重创，海上优势荡然无存。1967年两岸爆发的"一一三"空战，则是至今为止台海地区发生的最后一次空中战斗。此后，两岸在海上、空中的武装冲突日益减少，但是两岸在台海地区的对峙局面却长期存在。事实上，在整个20世纪五六十年代，台湾在金门的驻军一直维持在10万人左右，最多时达12万之众，并布下美制地雷10万枚。① 根据联合国相关资料统计，金门是目前世界上仅次于中越边境、柬埔寨之外地雷最多的地方。一直到20世纪90年代初台湾当局"解严"之际，金门仍然完全呈现出战地的场景。

进入20世纪70年代，美国总统安全事务助理基辛格以及尼克松总统先后访华，中美关系获得较大的改善，随着国际格局与中美关系的演变，蒋介石当局认识到"反攻大陆"已无任何希望，台湾当局最终放弃了"反攻大陆"的军事行动。与此同时，台湾方面也在此时期调整了军事战略，从原先的"攻势战略"逐渐调整为"攻守兼备"，并加强了对台澎地区的军事防御部署。1979年1月1日，中国与美国建立正式外交关系，国防部长徐向前发表了《停止炮击大、小金门等岛屿的声明》，至此，两岸直接军事冲突基本结束。大陆方面开始实行争取祖国和平统一的大政方针，这是台海军事态势变化的重要转折点。

尽管两岸军事对峙的程度有所降低，但由于美国始终不愿意放弃对台湾问题的干预，台海军事态势的复杂性仍然客观存在。1979年4月10日，美国国会制定并由美国总统签署生效的《与台湾关系法》，成为美方继续介入台湾问题的抓手。《与台湾关系法》是美国国会授权美国政府继续维持与台湾民间关系的法案。该法案规定美国将继续向台湾提供防御性武器等，这无疑为美国继续向台湾提供所谓的"安全保障"提供了法律保障，也使台湾方面能够在美国的支持下继续抗拒两岸的统一。

进入20世纪80年代，随着两岸关系的不断缓和，两岸在军事上的对峙程度继续降低，但两岸在军事上的对峙局面仍然存在，其突出表现为两岸的心理战和宣传战并未结束。事实上，从20世纪50年代初，两岸双方都开始通过广播站在厦门和金门两地隔海进行政治宣传战，这种攻心战一直持续了30多年。

---

① 《金门马祖仍埋有10万枚地雷，估2013年前清毕》，人民网，2007年9月28日。

二、蒋介石"反攻大陆"与军事骚扰

蒋介石败逃台湾后，他并不甘心在大陆的失败命运，梦想着能够"反攻大陆"。根据解密资料的披露，蒋介石于 1961 年 4 月 1 日成立了主导"反攻大陆"的"国光计划室"。从 1962 年年初开始，台湾国民党当局便进行战争动员，从各个方面积极准备对大陆沿海地区进行大规模军事冒险行动的部署。1962 年秋，国民党军经过精心策划和准备，搜罗、挑选了一批特务、军官、惯匪首领和大陆土改时的逃亡地主、反革命分子，编成"反共救国军"，经过专门训练后，开始执行窜扰，计划在福建、广东一带发动两栖登陆和空降作战，妄图在沿海建立所谓"游击走廊"，为进一步窜犯大陆的军事冒险创造条件，甚至期望能在长江以南有所作为。

蒋介石要"反攻大陆"，自然希望能够得到美国方面的支持，但美国一直不予正面回应，甚至拒绝了台湾方面的要求。美国当然对蒋介石的如意算盘了如指掌，对台湾"反攻大陆"的军事能力也有清醒地评估。虽然美国约翰逊政府视越南问题为美国亚太战略的当务之急，但他最关注的还是中国的介入程度。美国极力想避免与中国在越南战场公开交战，也不想因台海再起波浪而被卷入。所以约翰逊将美国对台湾地区短期目标定为"确保台湾海峡局势平稳"，将中长期目标定为"在未来的十年中，使台湾与中国大陆出现最大限度的分离"。[①]1965年，蒋介石曾为了说服美国支持其"反攻大陆"的计划，专门派儿子蒋经国赴美，并向约翰逊政府正式提出了双方协同"反攻大陆"的计划。这个计划的正式名称为"共同利益问题"（A Problem of Commoninterest），英文代号为"大火炬 5 号"（简称"GT-5"）。但美国方面对于台湾方面的提议不置可否。

蒋经国离开美国后，美国国防部长麦克纳马拉将"GT-5"计划交付参谋长联席会议，要求尽快从军事战略角度对这一计划进行评估。1965 年 11 月 16 日，麦克纳马拉收到了参谋长联席会议递交的编号为 JCSM-825-65 的备忘录，该备忘录认为，"GT-5"计划能否成功，将取决于以下三个因素：第一，美国方面提供有力的海空支持和后勤保障；第二，大陆出现大规模的"民众暴动"；第三，大陆军队在国民党军队登陆后"大批投诚"加以响应。在目前的情势下，这三个因素都不现实。因此，"GT-5"计划一旦实施，根本不存在成功的可能。备忘录还强调，如果美国方面同意就这一计划与台湾方面举行商谈，那将表明美国

---

① 《64 年美方为何事警告蒋介石：将联合中国政府制止他》，谈文读史论坛，http://www.ifuun.com/a20176283370060/。

对这一计划的支持和鼓励，而美国在远东所面临的战略态势，却要求美国不应该对台作任何形式的承诺。

尽管如此，由于反对"GT-5"计划的声音在美国政府最终占了上风。1966年1月25日，美国"驻台大使"莱特约见蒋经国，向他正式转达了美国政府不支持"GT-5"计划的立场。1月28日，美国国务院向美国"驻台大使馆"发出电报，以书面形式正式拒绝了蒋介石"反攻"西南五省的"GT-5"计划。对于美国政府的上述决定，蒋介石感到相当的恼怒，但也只能让"GT-5"计划束之高阁。虽然接连遭到美国方面拒绝，蒋并未就此放弃他的"反攻大陆"计划。多年来，因唯恐美国强力阻挠他"反攻大陆"，蒋介石巧妙而慎重地布置着他的秘密计划。为求万无一失，并避免美国从中破坏，蒋介石采取两手策略，一方面大量争取美援，厚植军事实力，另一方面则是掩护他真正的"反攻"计划。他的"明修栈道"，是由"国防部"的余伯泉将军，草拟一套蒋美联合"反攻大陆"的"巨光计划"。而其"暗渡陈仓"，则是委由朱元琮及其麾下众多将校参谋，夜以继日秘密从事的"国光计划"。

蒋介石两手策略的手法，从1961年4月一直持续到1965年6月，蒋介石整整对美国人虚与委蛇了4年多时间。从1949年败退台湾以来，蒋介石酝酿"反攻"已经有16年时间，他判断，1965年前后，大陆内部正忙于一连串的政治运动，对外防备松懈，是对大陆动武的大好时机。后来，蒋介石获悉大陆已经拥有原子弹时，不得不哀叹："完了，我们反攻大陆已彻底没有希望了！"

1959年至1961年，大陆又发生严重的三年自然灾害。由于此前历经数十年的战争洗礼，经济发展遭受前所未有的打击，加之自然灾害及一些政策上的失误，大陆政治经济形势陷入前所未有的困难当中。

而在大陆出现天灾之后，台湾的蒋介石政权嗅到了可乘之机，积极在台秣马厉兵，伺机反扑大陆，各种计划纷纷出炉。在"国光计划"正式启动前的五六年间，台湾当局共制定了"凯旋""中兴""联战"等作战计划。在1955年至1956年间，蒋介石指定胡琏邀集"国防大学"及"实践学社"教官若干人组成小组，研拟对闽粤"自力反击作战构想"，蒋介石也曾听取简报一两次，此为蒋介石"反攻"作战的开始策划阶段。

1957年5月至1958年4月间，蒋介石又令军方遴选军官30余人，以任务编组的方式编成"中兴计划室"，全部人员由"国防部"各厅局干部兼任，并由"参谋本部"常务次长曹永湘兼任主任。下设作战、后勤等处及若干作业组。后蒋介石又指示陈诚成立督导小组,专门听取该计划室简报。据时任该计划室处长的邢祖援回忆,该计划制订了详细的作战策略,包括一般战备、特种战备、登陆后作战及"反攻"时机假设等内容。

1958年4月至8月间,台当局又成立"联战演习计划作业室",该计划室基本全部接受"中兴计划"的人员与档案,仍属临时编组性质,由"副总参谋总长"余伯泉担任主任委员、蒋纬国担任秘书处主任。但是,该计划室的性质却完全不同,主要是制订与美军联合作战计划以"反攻大陆"。该计划对美军完全公开,更邀请其参与有关计划的讨论。在作业上,也参照美军联合两栖作战范式,来制订两军联合两栖登陆作战的程序。邢祖援认为:"此种作业一面具有教育性的意义,一面也转移美军的注意力,使其认为国军的反攻大陆计划,系以共军为假想敌的一种训练、测验之目的。"该计划并未有急迫的时间性,仅有二三次由余伯泉向蒋介石报告。

对于这一系列的"反攻计划",蒋介石基本上只是应付附和,基本上是做做样子而已,并不是真正的"反攻计划"。蒋介石认为,"反攻大陆"是极机密的事情,不能让美国参与其中,尤其是在美国不支持其"反攻大陆"的情况下。因此,这些只是骗美国人而已,希望借此转移美国的注意力,并争取到大量的美援。

根据台"国防部"的军令,"海陆空三军司令部"分别成立光明作业室、陆光作业室和擎天作业室,以协助完成"国光计划"。而三军作业室也有相应的执行任务部队,并将任务加以细化,其中陆军包括"光华""成功"和"武汉"作业室,"光华"负责"反攻"第一阶段的登陆作战,包括建立滩头阵地和立足战区等,而"成功"侧重于第二阶段的建立攻势基地,主要负责华南战区,"武汉"则是专门负责特种作战;海军有"启明""曙明"和"龙腾"作业室,"启明"主要是指63特遣部队,"曙明"指64地面部队,而"龙腾"是指金门防卫部和95、71特遣队;空军有"九霄""大勇"等作业室,分别指空军作战部和空降兵作战部。

20世纪50年代,美国虽然与台湾签订"共同防御条约",在台湾驻有军事顾问团,美海军的航空母舰在台湾海峡游弋,给予台湾大量的军援装备物资,并协助训练国民党军队。但是,美国出于自身战略利益的考虑,不支持蒋介石"反攻大陆",认为国民党"反攻大陆"不仅不可能成功,反而可能因此丧失台湾这块基地。

1963年，美国总统肯尼迪在记者会中公开表示，台湾如果"反攻大陆"，需提前与美国协商。而据驻金门的王多年司令官在1965年1月4日报告，美国国务院在金门派驻一个707小组，直接与美国务院保持联络，如台有"反攻大陆"的动作，美国务院便采取阻挠行动。在同年进行的"腾海二号"演习中，台一个陆战师在澎湖登陆，美顾问团连忙派29人赶到港口及演习地点进行仔细观看，而且派5人随同国民党军舰查看。

在"国光计划室"成立之初，蒋介石曾下令在三个月内完成所有反攻作战的一切计划与战备整顿。但是，由于各种原因，"反攻大陆"的行动被一拖再拖。直至1965年夏，年届八旬的蒋介石终于拍板定案，决定"反攻大陆"。1965年6月17日，蒋介石在陆军军官学校召开名为"官校历史检讨会"的中层以上干部会议，正式决定进行"反攻大陆"。据称，当时所有军官都要求留有遗嘱。

在接下来的几个月中，国民党军队在"八六海战"及崇武以东海战中的惨败，准备长达五六年的"国光计划"在即将出生前就宣告流产。1965年8月5日下午5时，台湾当局为探测美国和大陆的态度和战力，国民党军队由左营秘密派出"章江"和"剑门"号（刚从美国接回四五个月，性能良好）两艘舰艇，运送十几位特战人员到汕头外海的东山岛，进行侦察和破坏活动，在任务完成后再将其秘密接回。为了凸显对此次行动的重视，国民党将其命名为"海啸一号"，特别成立了以海军"副总司令"冯启聪中将为首的5人督导小组，并进驻左营进行督导作战，而战术指挥也是史无前例地由将级军官胡嘉恒少将担任。该计划除呈报台"国防部"外，还将其专送"陆军总司令部""空军总司令部"以及驻基隆的海军62部队。为了欺骗大陆的雷达系统，这两艘舰艇先是绕道到香港外海，然后再向北行驶，让大陆误以为是香港的商船。

然而，国民党军队的这一系列举动早被大陆的情报人员和雷达侦知，并将其锁定。8月6日凌晨，"章江"和"剑门"号进入解放军的埋伏圈，两军随即发生海战。在人民海军的猛烈攻击下，"章江"和"剑门"号先后中弹沉没，舰上近200官兵丧生，"剑门"号舰长王韫山被解放军俘获。而闻讯赶来营救的国民党空军和舰艇到达时，见到的只有两舰漂浮的碎片和油污。这就是著名的"八六海战"。据称，蒋介石闻讯之后大发雷霆。蒋介石"八六海战"的伤口尚未抚平，"乌丘海战"的大败又接踵而至。1965年11月14日，国民党运送补给的舰艇被解放军伏击，国民党"永"字号炮舰被击沉。至此，国民党海军受到解放军的重创，海上优势荡然无存。而这两次海战对蒋介石的打击也是致命的，年迈的蒋介石再也没有"反攻大陆"的信心和勇气，开始逐步放弃"自力主动反攻"战略，调整为"攻守兼备""待机反共"的策略。

在这样的情势下，"国光计划"也开始慢慢淡出蒋介石的视野。1966 年 2 月，"国光作业室"更名为"作战计划室"，改由作战次长督导，编制仍为四处一室，但将原属联五的"巨光作业室"改编为作战计划室的第二处，将原来第二处敌后作战业务并入第一处，而原业务管制则移入第四处，工作人员额定军官 48 人，士官 3 人，但副主任减为 3 位。1967 年 10 月 20 日，为配合台"国防部"的精简政策，该机构工作人员减至 36 人。同年 12 月 1 日，为加强保密工作，减少参与攻势计划的作业人员，"国光计划室"大幅缩减下级单位人员编制，由原来的 207 人缩减为 105 人。蒋介石听取简报的次数也大为缩减，1970 年以后，蒋介石再未听取过汇报。1972 年 7 月 20 日，"国光作业室"被彻底裁撤，并入台"国防部"作战次长室，存在长达十几年的"国光计划"亦被束之高阁。

国民党对美援的过度依赖严重掣肘该计划的实施。例如，在突击登陆时，所需的登陆小艇如 LCVP、LCM 及登陆运输车 LVT-4 等数目并不能满足突击登陆需要，而美国为了阻止蒋介石"反攻大陆"，刻意不向台当局提供这些装备。当然，两岸实力的差距和得失民心的程度才是决定国民党"反攻大陆"永远不可能成功的关键。

三、海峡两岸涉外领域的激烈争夺

进入 20 世纪 60 年代后期，特别是 70 年代初期以来，两岸在军事上的对抗力度有所降低，但在涉外领域的斗争空前加剧。主要表现就是两岸争夺联合国的代表权问题。

1949 年以后相当长的时期内，由于美国及西方一些国家的阻挠，台湾蒋介石政权长期占据中国在联合国的席位，并全面阻止中华人民共和国恢复在联合国的合法席位。为此，中华人民共和国积极开展加入联合国并取代台湾当局的外交努力。由于当时整个国际环境对中华人民共和国极为不利，以美国为首的西方国家继续支持台湾当局，而社会主义国家阵营也陷入矛盾之中，特别是随着中苏两国的公开决裂，中华人民共和国当时在整个国际社会的处境非常被动。在这种情势下，中华人民共和国加快了与广大第三世界国家的交流，积极争取这些国家的支持。到了20世纪60年代中后期，与我建交的国家开始不断增多，形势对我越来越有利。到了20世纪70年代初，我方建交的国家又增加不少，这样在联合国大会上支持我方的力量不断增强，并逐渐占据优势。1971年10月25日，第二十六届联大就"中国代表权问题"进行辩论并表决，联合国大会历史上有名的第2758号决议由此诞生，决定全面恢复中华人民共和国在联合国的一切权益，并立即将蒋介石的代表从它在联合国组织及其所属一切机构中驱逐出去。在这种极为不利的情势下，台湾当局代表退出联合国。

海峡两岸在国际上争夺"中国代表权问题"宣告终结。但这并不表示两岸在涉外领域的争夺就此平息。与之相反，台湾方面并不甘心失败，海峡两岸在涉外领域的争夺仍然时有发生。尤其是在具有分离主义意识的李登辉上台后，台湾方面又开始推动"重返联合国"，两岸就此展开了激烈的政治攻防。公元2000年后，随着主张分离主义意识形态的民进党陈水扁当局上台，两岸关系更趋紧张，绿营的"台独"分裂活动不断破坏两岸和平的基础，并图谋"以台湾名义加入联合国"的活动，这些都给两岸关系增加新的不稳定因素，严重冲击到台海和平与稳定。

第三节　两岸民间重启交流

进入20世纪70年代末80年代中期以来，随着两岸关系的缓和，两岸恢复民间交流的条件越来越成熟。1979年中共中央提出改变过去长期主张的"解放台湾"之提法，改而以更为温和的"和平解放台湾"之提法，主张两岸开展民间交流活动。虽然蒋经国长期奉行"不接触、不谈判、不妥协"的"三不"政策，但1987年蒋经国开放老兵返乡探亲政策的推动，也打开了两岸民间交流的大门，大量的台湾老兵返回大陆，掀起了新的两岸民间交流。尽管如此，这个时期两岸民间交流虽然放开，但并不表示两岸的分歧不复存在，两岸之间的矛盾仍然存在。换言之，1988年以来两岸民间交流的过程并非一帆风顺，而是在曲折动荡之中艰难前行。但无论如何，两岸民间交流的大门一旦打开，则将把两岸关系带进一个新的历史进程。

一、两岸关系先缓后紧时期：1988—2007年

这一时期，两岸关系先后经历了由缓和到紧张的重大变化。造成这一变化

的主要根源在于李登辉执政后期推行分离主义政策，以及主张"台独"的民进党取得执政权，从而使两岸陷入长时期的对抗与紧张，两岸民间交流在两岸政治、军事对抗不断加剧的背景中前行，其艰难程度可想而知。

（一）李登辉执政前期的两岸民间交流

李登辉上台初期，表面上坚持一个中国立场，并于1991年结束"动员戡乱时期"，不再将大陆视为"叛乱团体"。两岸民间交流在这一时期也得到了较好的发展。两岸人员往来不断突破，这是两岸关系发展中一个很大的进展。

两岸民间往来的相关机制得以建立。台湾方面为了因应两岸民间交流之需求，成立了海基会、陆委会等机构和组织，用以推动两岸交流。而大陆方面也成立了海协会、国台办等机构和组织来因应和对接。正是由于两岸建立起沟通的管道，才使1992年的香港会谈得以举行，并达成了被后人称之为"九二共识"的重要共识，并为1993年在新加坡举行的"汪辜会谈"奠定了坚实的基础。

纵观这一时期的两岸民间交流，之所以能够实现重大的突破和成就，主要就是两岸隔绝太久，两岸民间社会积累太久的能量得以释放。同时，当时刚刚上台的李登辉，尚未完全暴露其分离主义的真实面目。

（二）李登辉执政后期的两岸军事对抗

随着李登辉逐渐稳固其在国民党内部的权力地位，其"台独"的真实面目也开始暴露。特别是1995年李登辉访问美国，两岸之间的对抗特别是军事对抗几乎面临摊牌的境地。

1995年6月李登辉以私人名义窜访其母校康奈尔大学，公开鼓吹"中华民国在台湾"，这直接导致了两岸军事态势对抗性升级。为了打击"台独"分裂势力的气焰，大陆方面开展了反分裂、反"台独"斗争，解放军于1995年7月、8月、11月举行了3次大规模军事演习：1995年7月21日到26日，解放军向东海海域发射6枚导弹并成功命中目标；8月解放军在东海海域进行导弹发射训练，东海舰队再次进行海空联合作战和海上封锁演习，展开舰对舰、空空导弹发射，共发射20枚战术导弹；11月南京军区陆海空部队在闽南沿海地区举行三军联合作战演习。1996年3月，在台湾地区将举行领导人直接选举前夕，解放军再次举行大规模演习，在东海、南海进行了3次导弹试射，3月18日至25日在台湾海峡进行大规模三军联合演习，取得圆满成功。

在解放军进行军事演习之时，美方的举措加剧了台海形势动荡。1995 年 11 月解放军军事演习结束之后，美国"尼米兹"号航空母舰战斗群于 12 月驶过台湾海峡，"这是中美建交后美国航母第一次通过这个海域"。[①] 此后，1996 年 2 月又有 3 艘美国军舰驶经台湾海峡。1996 年 3 月，在解放军进行大规模军事演习之际，美国自波斯湾加派"独立号"航空母舰战斗群前往台湾附近水域，与"尼米兹号"航母战斗群会合，并在台湾附近水域游弋，解放军海军潜艇也紧急开展海上警戒，台海情势急剧升温。

李登辉冲撞一个中国原则的举动受到沉重打击后并没有改弦更张，继续炮制"两国论"主张。1999 年 7 月李登辉在接受"德国之声"专访时提出"两国论"分裂主张，并且伙同民进党，力图将"两国论"主张"法律化"（即所谓的"两国论入宪"），使得两岸关系再次陷入紧张。在这种情况下，大陆方面果断开展了反对"两国论"的斗争，包括解放军部队接连举行一系列的军事演习。

1999 年 7 月 9 日李登辉在接受"德国之声"专访时提出"两国论"，使得刚刚得到些许缓和的两岸局势再次陷入紧张状态。7 月，解放军海军在台湾以北海域举行反潜演习，由海底发射导弹攻击海上目标，意在加强潜艇攻击能力，提升雷达扫描范围及精确度。9 月初，解放军北京军区、济南军区、沈阳军区的特种部队和两栖侦察队，在山东首度集结演习；同时，解放军南京军区、广州军区陆海空三军、第二炮兵和民兵预备部队在浙东、广东南部沿海举行了大规模的诸兵种联合渡海实兵演习。在大陆方面坚决反对"两国论"的情况下，李登辉"两国论入宪"的图谋最终破产。

（三）陈水扁执政时期的两岸紧张对立

陈水扁执政的八年是两岸政治对立加深的八年，也是台海形势很不稳定的八年。在此时期内，陈水扁当局一方面宣称要与大陆建立军事互信，另一方面奉行"台独"主张，不断挑衅大陆，造成台海形势紧张升级。

2000 年 5 月陈水扁就职演说时曾经做出"四不一没有"的承诺，6 月，台湾行政机构负责人唐飞表示，"将透过安全对话与交流，建立两岸互信机制"。随后台湾公布新版"国防报告书"，首度以专门章节把两岸军事互信机制问题作为"国防政策"和"国防重要施政"提出。但陈水扁拒绝一个中国原则和"九二共识"，使因李登辉抛出"两国论"而中断的两岸商谈无法恢复，以致双方根

---

① 吴心伯：《反应与调整：1996 年台海危机与美国对台政策》，《复旦学报（社会科学版）》，2004 年第 2 期。

本无法商谈建立两岸军事安全互信机制的问题。

2002 年 8 月，随着陈水扁"一边一国论"分裂主张的抛出，两岸关系再次陷入紧张。陈水扁在 2002 年"双十讲话"中，要求大陆"将部署在海峡对岸的 400 枚导弹撤除，并公开宣示放弃武力犯台"。对此，国务院新闻办于同年 12 月 9 日发布《2002 年中国的国防》白皮书，再次强调决不放弃使用武力的原则。2004 年 3 月台湾地区领导人选举投票日当天，台湾当局进行了所谓"公投绑大选"，两个公投题目都以和平为幌子，持续炒作所谓大陆"武力威胁""飞弹部署"等议题。同年 5 月 17 日，中共中央台办就当前两岸关系发表声明，就正式结束两岸敌对状态、建立军事互信机制等阐明立场。10 月 10 日，陈水扁在"双十谈话"中，继续坚持"一边一国"立场，还以保障台海永久和平幌子，提出建立两岸军事互信措施、海峡行为准则等欺骗性主张。12 月 13 日，台湾当局公布的"国防报告书"，继续鼓噪大陆对台湾的威胁，并将陈水扁有关"海峡行为准则"等两岸军事互信机制的内容列入其中。当前 12 月 27 日，国务院新闻办发表《2004 年中国的国防》白皮书，强调只要台湾当局接受一个中国原则，停止"台独"分裂活动，两岸双方随时可以就正式结束敌对状态，包括建立军事互信机制进行谈判。2005 年 3 月 4 日，第十届全国人大第三次会议表决通过《反分裂国家法》，其中第八条规定："'台独'分裂势力以任何名义、任何方式造成台湾从中国分裂出去的事实，或者发生将会导致台湾从中国分裂出去的重大事变，或者和平统一的可能性完全丧失，国家得采取非和平方式及其他必要措施，捍卫国家主权和领土完整。"这为大陆对台采取非和平方式划定了底线。

此后，尽管民进党当局积极推动"公投制宪""入联公投"分裂活动，两岸关系进入高度紧张的高危期。这一时期，解放军加紧进行反"台独"军事斗争准备，随时准备粉碎"台独"重大事变。2004 年 7 月，解放军在福建的东山岛进行了军事演习。在这次演习中，解放军更重视在台海作战中十分重要的制空权、制电磁权演习。总体而言，陈水扁执政时期两岸关系的对抗性特征非常明显。

二、两岸关系全面趋于缓和期：2008—2015 年

2008 年 5 月马英九就任台湾地区领导人之后，国共两党、两岸双方在坚持"九二共识"、反对"台独"的共同政治基础上建立基本互信，推动两岸关系开创了和平发展的新局面。在这一背景下，台海军事态势也得到一定程度缓和，双方之间开展了一些退役军人主要是将领之间的交流，两岸军事关系有所改善，

但仍处于对抗之中。

（一）两岸民间交流取得了重大的进展和突破

2008 年国民党重返执政之后，马英九当局能够承认"九二共识"，因而两岸之间的商谈得以恢复。在马英九时期，两岸两会举办了 12 次会谈，达成了 23 项协议，取得了一系列共识，这其中包含了实现两岸"三通"、拓展两岸经济合作等重要协议。也正是因为双方以"九二共识"作为共同的政治基础，在此一时期，两岸政治关系取得突破，除了原有的两岸两会交流和政党交流之外，两岸实现了国台办和陆委会两个机构负责人的定期会晤和热线电话，并于 2015 年 11 月实现了两岸领导人在新加坡的成功会面，使得两岸关系的发展达到了新的历史高度。

（二）两岸军事态势有所缓和

这一时期两岸军事态势缓和主要表现在双方的政策表述、部分军事行动以及非战争军事行动等方面。在政策论述上，马英九当局表达了有意建立两岸军事互信机制，降低对大陆的敌对态度。两岸军事安全互信本身就是马英九在 2008 年"大选"中的重要政见。马英九在 2008 年 5 月就职演说中表示，要致力于推动两岸建立军事互信机制。在 2009 年公布的军事报告书中，为了配合马英九当局当前的两岸政策，台湾防务部门也首度把"推动两岸军事安全互信机制"的文字，纳入报告书的内容。在 2010 年"国防报告书"中，也将其推动两岸军事安全互信机制纳入其中。大陆方面也一直主张建立两岸军事安全互信机制，稳定两岸关系和平发展。例如，2008 年 12 月 31 日，时任中共中央总书记、国家主席、中央军委主席胡锦涛在纪念《告台湾同胞书》发表三十周年的讲话中提出，两岸可以探讨建立军事安全互信机制的问题。随后，大陆有关方面一再呼吁商谈建立两岸军事安全互信机制，争取就军事问题进行交流。

这一时期，在两岸关系和平发展的局面下，台海军事态势出现缓和，但是由于马英九当局无意商谈建立两岸军事安全互信机制，并仍然视大陆为"威胁"，使两岸军事关系发展仍然存在障碍，仍然处于对抗之中。

第一，马英九当局无意商谈建立两岸军事安全互信机制。尽管马英九当局曾表示要建立两岸军事互信机制，但实际作为逐步转趋消极并对军事互信机制商谈增设许多前提条件，致使商谈无法实质进行。由于军事议题非常敏感，加上各方的目的与意图上存在差别。两岸在军事安全互信机制方面的共识仍然不容易确立起来。随着民进党重返上台，两岸关系大幅度降温，两岸军事互信安全机制建立的两岸氛围不复存在。

第二，台军仍视大陆为最大对手。在马英九执政期间，台军仍视大陆为最大的威胁，在马英九任内公布的四份"国防报告书"中仍然用大篇幅强调大陆的军事威胁，强调要建构"不对称"战力。此外，台湾当局对大陆主张的"两岸共同维护海洋权益"态度相当消极。

三、两岸关系重趋紧张时期：2016 至 2019 年

2016 年，民进党在台湾地区重返执政，台湾发生第三次政党轮替。由于蔡英文当局坚持拒绝接受"九二共识"，导致两岸互信基础丧失，两岸政治互动陷入僵局。相应的，两岸民间交流受到很大的影响，两岸军事紧张状态有所提升。

这一时期，虽然两岸民间交流频繁，但两岸民间关系仍然会受到两岸政治、军事形势变化的影响和牵制。特别是民进党重返执政后，在政治、经济、文化等领域大搞"去中国化"动作，海峡两岸的信任程度降至低点。尤其是随着民进党在 2018 年"九合一"地方选举中遭受重大挫败后，蔡英文当局全面倒向"台独基本教义派"，大力提升两岸的对抗程度，企图以此来挽救其低迷的支持度。在此种情势下，台湾当局不但限缩两岸的民间交流，而且两岸关系日趋紧张与对立。台海危机情势不断加剧。

总体而言，尽管蔡英文上任以来两岸关系陷入困境，但由于大陆综合实力的全面领先，大陆对台海局势走向拥有完全的主导权，因此，整个两岸关系和台海局势的发展总体仍然可控。

第二章　何为"台独"?

"台独"问题在台湾社会之存在，并非一朝一夕之间就成了气候，而是在台湾特殊的历史时空背景下出现，当然也有其消亡的过程。只要"台独"赖以存在的社会基础消失，其必然消亡的命运就不可避免。尽管"台独"势力在海外推销"台独"理论与主张已有不少年头，但毫无疑问，"台独"主张在台湾岛内始终没有成为社会的主流，换言之，多数台湾民众对"台独"仍然充满相当程度的疑虑。

特别是近年来，随着大陆经济的快速发展，两岸综合实力的悬殊，越来越多的台湾民众认识到，"台独"注定是一条走不通的道路。由于"台独"日渐成为影响两岸和平发展以及台海局势稳定的重大隐患，"台独"的严重危害性使其存在的"合法性"及"合理性"完全丧失，这也是"台独"及其支持者所面临的最大现实困境。

第一节　"台独"的出现及其主张

一、何为"台独"?

"台独"就是指"台湾独立"。意指经过各种方法和手段要使台湾成为一个"主权独立的国家"。"台独"有时又被称为"台湾独立运动"，它是台湾部分政党及政治势力的政治理念之一，其目标是以"建国"或"修宪正名"的方式，实现一个名称为"台湾"的"主权独立国家"。①

长期以来，台湾社会内部对两岸关系走向及台湾未来的前途等重大问题存

---

① 王育德著，侯荣邦等译：《台湾"独立"运动的历史波动》，台北：前卫出版社，2002年版，第38—39页。

在严重的分歧。如果仅从统"独"的政治立场来划分，主要有"独"派和统派两大阵营："独"派指的是谋求实现"台湾国"的政治立场，统派指的是追求两岸的最终完全统一。由于两派在台湾未来走向的立场上存在尖锐的对立，也使统"独"两大阵营的关系表现为水火不容。

由于国际社会普遍接受一个中国政策，加上1971年联合国2758号决议中将台湾当局代表驱逐出联合国，世界上绝大多数国家承认中华人民共和国为中国的唯一合法政府，并将台湾视为中国不可分割的一部分。国际社会愿意与台湾当局建立"邦交"关系的国家大幅减少，并且台湾在当前国际主流社会也不被视为是一个"独立国家"。基于此，"台独"论者认为台湾要摆脱其在"国际社会"的困境，就需要谋求成为正常的"独立国家"，从而取得平等的"国际地位"。

关于"台独"概念之界定并不少见。李家泉（2004年）认为，"台独"可分为"渐进式台独""实质性台独"和"法理台独"等形式。"台独"具有标志性的界定意涵主要有两种：一是公开宣布建立"台湾共和国"；另一种是仍然沿用"中华民国国号"，即在形式上不变，但通过"修宪"或"制宪"，掏空其原有内核，实现"主权独立"。王育德（1979年）将其定义为："1.台湾独立是在被中国人统治的殖民地台湾，由台湾人挺身打倒统治者，以实现台湾人的台湾解放运动；2.将目前倒退为前近代社会的处境，重新恢复为近代社会，并朝向更进步的社会革命运动；3.是防堵中共所代表的共产主义势力，争取真正的自由与民主，并为强化对自由阵营的贡献而战。"从王育德对"台独"的界定来观察，早期"台独"论者主要还是从"本土化"、社会革命以及民主化，特别是把台湾视为殖民地解放运动的一环，这是海外"台独"人士早期对"台独"定义的传统认知。许世楷（1993年）则是从"本土化"的视角来看待"台独"运动，他认为"中华民国"体制彻底"本土化"的运动就是"台独"。[1]沈君山（2004年）也认为，民主化必然会"本土化"，"本土化"进而"台独"化，大陆退台的国民党政权必然也会被"台独"所取代的趋势不可避免。[2]当然，随着台湾岛内政治时空的变幻，在当前，"台独"论者对"台独"的解释更为泛化，在民进党重返执政后的情势下，"台独"论者甚至也称"维持现状就是台独"。[3]

---

[1] 许世楷：《台湾"独立党"回归祖国》，台北：前卫出版社，1993年版，第79页。

[2] 沈君山受访：《台湾国际关系，有香港化之虞》，《中国时报》，2004年4月6日。

[3] 许世楷：《维持现状的推理就是"台独"》，《中国时报》，2016年10月9日。

二、"台独"的出现

"台独"论者常常将"台独"运动与"二二八"事件联系在一起，认为"二二八"事件的爆发与"台独"的出现关系密切，认为正是"二二八"事件之后，廖文毅，黄纪男等人开启了"海外台独"的活动，特别是廖文毅将"台独"的主张化为具体的"台独"行动，在海外与国民党蒋介石政权展开了数十年的斗争。尽管其过程中"海外台独"内部也是分分合合，不过"二二八"事件成为海外"台独"分子开展"台独"诉求的重要来源。时至今日，海外不少"台独"团体常将许多重要活动都安排在每年的2月28日这一天来举行，显然"二二八"这个日子自觉或不自觉地成为"台独"势力的某种政治图腾。

客观而言，片面将"二二八"事件的爆发归因为台湾部分人士主张"台独"的理由，从而试图为"台独"诉求提供某种历史的合法性，当然是站不住脚。"二二八"事件爆发的深刻根源还在于，当时中国政府即国民党当局在台湾省的腐败无能统治引发了民怨，从而爆发台湾省民众的起义活动。事实上，当时的大陆，各省反对国民党腐败统治的活动可谓此起彼伏，并不少见。国民党当时整个政权的集体性腐败及无能治理才是引爆"二二八"事件的根源所在，"二二八"事件之爆发与后来的"台独"之互动性并不大。只是有部分"二二八"事件的参与者加以利用，并为"台独"活动造势与宣传，这才是重点。因此，"二二八"事件与"台独"是两回事，不可混为一体。

"台独"论者往往将"台独"思想的起源归咎于1947年爆发的"二二八"运动。这种论调当然完全站不住脚。事实上，日本殖民台湾地区50年的统治，客观上对台湾人的"主体意识"以及"台独"意识产生了一定的影响。

三、"台独"的政治主张

"台独"问题本身的敏感性以及其对台海局势的潜在隐患，都使其在台湾地区的发展并不那么一帆风顺，而是经历了一波多折之历程。在国民党威权执政时期，"台独"势力无法在岛内立足，被迫流窜至日本及美国等国家。随着台湾政治体制的转型，特别是李登辉当局的一系列政策之调整，到了20世纪90年代，海外"台独"势力开始返回台湾，并与台湾本土势力进行结合，"台独"势力开始对台湾政治发展产生实质影响力。之后，尽管以本土势力自居的民进党将"台独"主张纳入其党纲之中，但迫于岛内政治现实以及选票压力，民进党在2000年执政后，虽然在政治、经济、社会及文化各领域大肆搞"去中国化"

运动，也企图推动"公投制宪"等"法理台独"动作，但总体上讲，绿营"台独"的企图仍然被现实政治所压抑，民进党执政当局在一定程度上也只能对其"台独"企图进行暂时性的隐蔽。其表现就是陈水扁当局仍然必须要借用台湾地区的"中华民国"体制这个壳来行事。换言之，就是所谓的"中国为体，'台独'为用"之策略。其目的当然是利用"中华民国"之护身符，来为未来的"台独"进程累积更为扎实的基础。

事实上，蔡英文带领民进党在2016年重新执政后，其所宣称的维持现状之政策，本质上仍然是陈水扁式"台独"路线的某种延续与形式转换，只是其暴冲程度没有陈水扁那般激烈罢了，原因就在于"台独"势力越来越受到岛内外各种因素之强力阻挠。

从"台独"论述提出以后的几十年发展来观察，台湾政治及社会的本土化过程，确实为"台独"势力的发展提供了某种动力。尽管如此，"台独"主张在台湾社会内部的分歧仍然无法弥合，台湾民众对"台独"主张的疑虑仍然相当高，这也从侧面彰显"台独"在现实政治中的极大困境。

从学理的分析视角来观察，"台独"的政治主张主要有：

（一）作为上要全面清除中国元素

"台独"论者始终认为，台湾社会过去过于中国化，致使台湾民众无法凝聚与形成以"台湾意识"为主体的社会普遍共识，从而将全面清除台湾政治、经济、社会、文化、教育等各领域的中国元素视为重要的目标。换言之，绿营和民进党长期推动的所谓"台湾本土化"运动，或者"去中国化"运动，其背后的逻辑就是要去除根深于台湾土地上的中国意识及其背后的中国元素。

"台独"论者在这个意识形态下，自然将一切与中国有关的政治、历史、文化等元素或符号视为对立面，急欲去之而后快。这也是"独派"对诸如"孙中山""蒋介石"，以及有"中国"字眼的各类名称，甚至对中国国民党这个政党都抱有相当敌意的原因之所在。

（二）策略上采取"渐进台独"路线

面对大陆及国际社会对"台独"的反对与顾虑之声，"台独"势力也不太敢冒天下之大不韪，不敢公然拿起"台独"大旗，这也是尽管民进党前后两次执政，但仍然不敢公然推动"法理台独"的原因所在，而只能迫于形势，放弃"激进台独"，改走"渐进台独"之路线，当然这也从根本上彰显了"台独"的现实困境。

（三）话语上建构"台独话语体系"

"台独"之始作俑者，或许有其政治操作之动机，但随着"独"派人士在海外的鼓吹，以及民进党后来将其列为"台独"党纲，"台独"企图将之作为一种社会思潮在台湾社会扩散，这也是不争的事实，完全不容置疑，"台独"论者企图在台湾地区建构"台独"的话语体系，从而形塑"台独史观"。

"台独"论者长期引用的观点主要有以下：一是"台湾四百年来一直受到外来殖民者的统治，从来没有自己当家做主"；二是"台湾人四百年来的历史发展，已经形成了一个有别于大陆中国人的命运共同体——'台湾民族'，并形成了有别于中国传统文化的台湾本土文化"；三是"台湾人才是这块土地上的真正主人。外省人是在台湾人头上的外来的统治者"。"台独"论者积极鼓吹台湾认同与"台湾主体意识"，并将之视为与他群进行区隔的重要手段之一，企图使之成为一个时髦的口号广为流传。从而达到建构"台独"话语体系之目的。

（四）现实上成为部分政党及政治人物的工具

"台独"在当前不管是"工具型台独"，还是其他理念型"台独"，总体上已成为台湾部分政治人物及政党、社团获取政治利益之工具。不少"独派"政党及组织基于选票之区隔，选举利益之考虑，拿"台独"旗帜来作为动员支持者的手段和工具。

第二节 "台独"的类型划分

"台独"这一现象在台湾地区出现，其背后的成员背景以及成分相当复杂，也使"台独"组织的形态及类型不一，要对"台独"的类型进行精确的划分实属不易，目前学界对"台独"类型之研究与划分也未有统一的标准。

一、根据"台独"定义的范畴划分

（一）广义的"台独"

在广义上，"台独"是指"台湾独立运动"的简称，它可以涵盖任何主张台湾应该成为"获国际承认为主权独立国家"的政治运动。广义上的"台独"，根据其主张与内容又可分为"台独"派"华独"及"独台"等类型。

"台独"派即以建立所谓的"台湾共和国"等为政治诉求。这一派又称狭义的"台独"。

"华独"，意指台湾应该以"中华民国"的名称维持"治权独立"的现状，但不赞同与中华人民共和国进行统一。这种意识形态支持"中华民国是台湾"，但不积极支持台湾"正名"，认为应该沿用"中华民国"的名称及其"宪政"体制那一套。"华独"论者又可分为几种不同的主张，有主张台湾事实上或法理上皆已"独立"，只需维持现状，也有主张台湾在"中华民国"的框架下追求"国家正常化"。"华独"这个名词是在 2015 年由"独派"组织"公投护台湾"联盟总召集人蔡丁贵提出，用来与传统"台独派"路线，也就是完全以台湾名称"独立建国"的主张做区隔，在此之前，常用的称呼为"独台"。该主张虽然强调要以"中华民国"为"国号"来维持台湾"独立"，但却将台湾与大陆完全切割，对于所谓"中华民国宪法"规定的"固有疆域及于大陆"等条文也完全排斥，亦即台湾的所谓"主权"范畴只限于台澎金马地区，不再包括大陆等区域。这其实也是"台独"的一个变种。"华独"论者之所以不抛弃"中华民国"符号，实质是迫于政治现实与压力，并非对"中华民国"等"大中国符号"之真正认同。换言之，"华独"一词是"独台"的另一种说法而已。"台独"是明确主张公开"独立"，而"华独"则是在"中华民国"的旗帜下，寻求的并非是大陆所强调的统一主张。

"独台"论者主张台湾在现有的"中华民国"体制下，不与大陆追求统一，实际上成为完全"独立的国家"，其意识形态与"台独派"有相当的重叠之处。两者的区别之处在于，"独台"论者并不坚持要以"台湾国"或"台湾共和国"之类带有强烈"台独"意识的称呼为"国号"，不坚持与"中华民国"完全切断关联，主张与大陆发展对等的"外交"关系。"独台"又常常被称为"隐性台独"。

从政治光谱来看，"台独"派认为两岸是"两个独立的国家"。虽然"独台"和"华独"也类似，但"独台"论者多倾向于"一中一台"路线，"华独"论者多倾向于"两个中国"路线。

（二）狭义的"台独"

狭义的"台独"可用来专指台湾"独立"运动中的一个路线，这个路线认为台湾应该彻底摒弃现有的"中华民国"体制，建立专属于台湾的"新国家"，制定新的"宪法"与"国家象征（国旗、国歌等）"，"以台湾名义加入联合国"，与中国（包括"中华民国"或中华人民共和国）在政治上完全分离。主张该路线的自称为"独派"或"台派"，也被称为"台独基本教义派"、深绿"台独"派或"传统台独"。该词多指狭义上的用法，以与"华独""独台"等"台独"理论相区别。

"台独"派者的主要论据有以下：一是反对"中华民国"以及大陆，强调如果不能"独立建国"的话，未来国民党的"中华民国"迟早会被迫向对岸投降而不再"反共"；二是"台独"派部分人士则主张"台湾地位未定论"，认为台湾在第二次世界大战后被"中华民国"占领，而在现实上和国际上，"中华民国"并不能代表中国，台湾因未宣布"独立"，"国家地位"无法获得国际承认；三是还有混合转型、"建国"等议题的"解殖台独派"等主张。

二、根据"台独"发展脉络渊源划分

"台独"思潮作为一种复杂的社会政治意识，与"海外台独"运动关系非常密切。根据"台独"运动发展的历史渊源，"台独"可以划分为"海外台独"与"本土台独"两种类型，而"海外台独"又有"美式台独""日式台独"等区分。

（一）"海外台独"

"海外台独"运动的目标是鼓吹台湾脱离祖国，使之成为一个"独立的国家"。"海外台独"之出现与帝国主义企图分裂中国、霸占台湾的意图密切相关。早在"台独"运动出现之前，帝国主义分子就散布了"台湾法律地位未定""台湾国际共管""台湾自决"等论调。台湾光复后，帝国主义企图分裂台湾的图谋虽然失败，但并不甘心。尔后，日本帝国主义势力扶植了第一个"海外台独"组织，日本便成了"海外台独"运动的策源地和运动中心。到了20世纪70年代，"海外台独"运动中心由日本移至美国后，又有了一定的发展。当前，国际上仍然有部分势力在暗中支持"台独"运动，包括在美国及日本等国家仍然有"台独"势力的组织在活动。"海外台独"运动的产生与存在，始终与帝国主义的对台政策息息相关，是和帝国主义势力的直接策动扶植、公开煽动怂恿，暗中推动支持分不开的。

"海外台独"又分为"日式台独"和"美式台独"等类型。"日式台独"又被称为"皇民化台独"。

1947 年台湾爆发"二二八"事件后，国民党随即进行了大规模的军事镇压，部分在"二二八"事件后逃到香港及日本等地的反对人士，以及 20 世纪 60 年代出去的少数留学生，开始在海外特别是日本出版政治刊物，进行有关"台湾自决"及"台湾独立运动"的宣传工作。当时主张"台独"运动的政治人物如廖文毅、王育德、史明等人之所以选择日本作为开展"台独"运动的基地，主要是着眼于当时岛外台湾人的力量。由于当时旅居日本的台湾人达 25000 人之多，他们希望能够获得这些人的支持。最早一波的海外"台独"运动便在日本展开。如 1950 年廖文毅在日本成立"台湾民主独立党"，1955 年及 1956 年先后成立"台湾临时国民会议"及"台湾共和国临时政府"等组织，并积极开展"台独"宣传活动。20 世纪 60 年代初，王育德等人创办了《台湾青年》双月刊。1963 年台湾青年会成立，后来又改组为"台湾青年独立联盟"，并开始与美、加、欧洲等地的"台独"组织进行串联活动。

到了 20 世纪 60 年代后期，随着台湾留美学生的大量增加，海外留学生群体数量的增加，"海外台独"运动的重心逐渐由日本转移到北美，从而成为"海外台独"运动新的主力。早在 1957 年"台湾独立联盟"就宣告成立，此后，"台独"运动组织不断开始进行内部的整合，最终促成"全美台独联盟"的结盟。

随着 20 世纪 80 年代末 90 年代初，台湾社会民主化后，"台独"组织开始大量回到台湾岛内发展，"日式台独"基本上回到了岛内发展，而"美式台独"的多数政治人物回到了台湾，但仍有不少"台独"组织还在美国活动。但无论如何，"海外台独"势力逐渐衰败也是不争的事实。

（二）"本土台独"

相对于"海外台独"而言，"本土台独"是指台湾在地主张"独立建国"的政治势力。"本土台独"的出现与发展与"海外台独"有密切的关联性。"海外台独"的一些论述为"本土台独"提供理论上的支撑。早在党外时期，党外势力内部就有主张"台独"的声音存在，而民进党成立后，党内主张"台独"的势力不断抬头，特别是随着"海外台独"势力大量返台，党内主张"台独"的声势进一步增加，进而在 20 世纪 90 年代初通过了"台独党纲"。"本土台独"势力主要以派系的形式存在。而"海外台独"的部分势力回台后，也结合"本土台独"势力，形成更有影响力的"本土台独"势力。

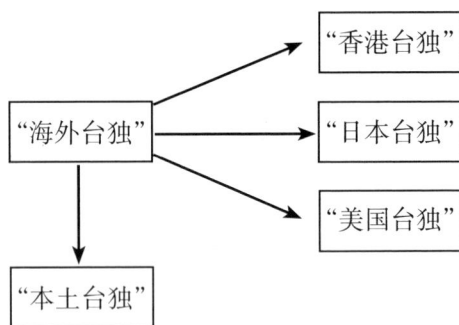

图一 "台独"发展脉络划分图

三、从"台独运动"的功能与目的划分

（一）"工具性台独"

"工具性台独"是指"台独"势力将"台独"作为某种工具，将之视为是获取某种政治、经济或社会利益的手段。持此种论述者认为，"台独"面对国际环境及两岸结构之现实困境，无法真正实现，尽管如此，但"台独"势力并不会放弃"台独"主张，因为坚持"台独"主张的背后仍然有利益上的获得感。比如，将"台独"作为争取选票的工具，或者作为与主张统一的政党竞争的区隔。特别是在台湾政治生态中，包括民进党及其他激进"台独"主张的政党政治组织，常常将"台独"作为"工具性台独"加以运用，以获取最大的选票利益。

"工具性台独"主要是指从利益考虑而非理念考虑之角度来看待"台独运动"。由于民进党上台后，尽管拥有执政权，但也不敢贸然宣布"法理台独"，这也使得台湾不少人将之称为是"工具性台独"。当然，"工具性台独"并非完全没有追求"台独"的理念，或者说完全放弃"台独"理念，而是迫于现实压力不得已而为之，或者说为"台独"的实现在争取时间，积蓄更大的政治动能。在现阶段无法取得突破时，则改以寻求以维持执政，打击政治竞争对手国民党为主要目标。

（二）"理念性台独"

"理念性台独"则是指具有追求"台独建国"的梦想与坚持。不少早期在岛外"台独"人士较具"理念性台独"的成分更多。甚至将"台独"视为其追求的目标和信念。例如，这种人一旦掌握权力，则不遗余力地推动"去中国化"等动作。

单从民进党内部的派系而言，具有岛外"台独"背景的"台独"人士多属于"理念性台独"，如台湾教授协会等"台独"组织。

四、从"台独运动"的实施路线来划分

（一）"法理台独"

所谓"法理台独"，是指台湾在事实上"独立"的基础上，进一步在法理上脱离中国，以取得"主权"，变成新"国家"的作为。亦即以解构一个中国原则、完成台湾的"国家化"建构为目标的法制度安排和法实践状态。换言之，"法理台独"会改变台湾的"法律地位"，使台湾由不是国家的状态变成一个所谓的"正常国家"。

"独派论者"认为，"法理台独"的"法理"是指以"公民自决"的方式。所谓"法理台独"是指台湾在地民众行使"自决权"，其方法就是宣布"独立"。透过宣布"独立"来取得"主权"，变成"国家"的一种"法律"行为。而诸如"终止动员戡乱"、废除"国统纲领"及"国统会"、宣布"独立"前的"统独公投"等都只能算是预备的附属作为，宣布"独立"后的"追认性公投""制宪"、申请加入联合国、争取"外国"的承认等是事后的附属作为，都不会改变台湾既有的"法律"地位。

"法理台独"的特征主要是指"法律"层面的作为。其形式包括"修宪制宪""司法释宪"及"公投"等多种形式。

"法理台独"外在有三种形式：一是"宪制"形态，透过"制宪""修宪""释宪"；二是"法律"形态，透过"立法""修法"活动，以"法律虚置宪法"，逐步弱化台湾"法律"体系中的一个中国规范约束力的目的，通过虚构台湾满足"国家"的主要构成要件；三是"国际法"形态，强化台湾的"国际"空间活动能力和影响，臆造台湾人民的所谓"法理台独"。

（二）"渐进台独"

"渐进台独"与"法理台独"不同，是一种看似相对温和的"台独"路线。其目标是以时间换空间、以量变到质变，潜移默化、日积月累，将"台独"根植于台湾社会的各个角落，力争实现水到渠成的效果。正是由于"渐进台独"相对于"法理台独"而言，更加隐蔽，也更有危害性。"渐近台独"不仅侵蚀、弱化台湾民众的国家与民族认同感，加剧两岸关系的对立与紧张，而且对两岸关系的

正常发展和祖国和平统一构成严重威胁。"渐进台独"又被称为"柔性台独"。

"渐进台独"的表现形式较多，主要有以下："去中国化""文化台独""台湾正名"等形式。其中"文化台独"是"渐进台独"的主要手段和表现形式。所谓的"文化台独"就是指通过强调"台湾本土文化"、台湾文化主体性、台湾意识，分割"台湾文化"与"中国文化"的内在联系，确立以"台湾为主体的历史、文化和教育观念"，切断台湾同胞的历史记忆和文化感情，进而形成"台湾的国家认同观"，为"台湾独立建国"培植文化基础和精神基础。也就是在社会文化领域，借助平和方式，通过潜移默化过程，凝聚对抗"大中国"的意识，对抗两岸统一。"文化台独"的本质还是一种"台独"的扎根策略，企图使台湾在文化上脱离中国，成为一个"独立的政治实体"，进而推动实际的"法理台独"，在国际法上成为一个"独立的国家"。它主要是指以教育为手段，将"台独"的理念灌输到台湾年轻人脑中，以潜移默化方式，改变台湾人的文化及政治认同。造成台湾社会结构的改变，让"台湾独立运动"获得更大的政治基础。最终会使台湾成为一个"独立国家"。民进党反对马英九当政时期的"课纲微调""去孙中山化"等都是"文化台独"的表征。

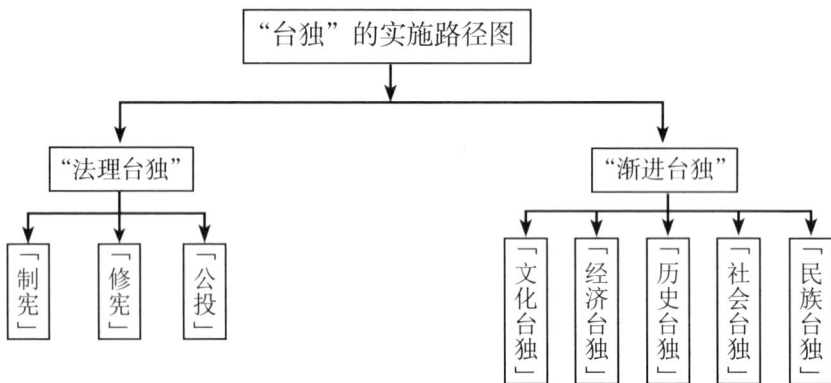

图二 "台独"的实施路径图

五、从"台独"发展的世代来划分

（一）"老台独"

所谓"老台独"是指具有一定的"台独"理念，特别是从"台湾地位未定论""托管地"等角度来看待"台独"运动，追求建立一个"台湾共和国"为目标的一群政治人物及其支持者。"老台独"主要是以年纪较大，多数具有参与"海外台独"经历的群体为主。

"老台独"的群体主要包括"海外台独""本土台独"等。他们在意识形态中排斥国民党，反对台湾现行的政治体制及"宪政"安排。

（二）"新台独"

近年来，绿营也有出现"新台独"一说。"新台独"又称为"左统"。是"太阳花学运"之后出现的新产物，也可以称之为"天然独"这部分所指称的年轻群体。"新台独"有三个主要特征：一是所谓新世代"天然独"。即以80后、90后甚至00后青少年为主。他们出生在李登辉、陈水扁执政时期，是在台湾推行教育、文化等"去中国化"的背景下，接受台湾"主权独立"，两岸"一边一国"和"台独"教育下长大的，也就是蔡英文口中的"天然独"；二是"青年公民运动独"。近几年台湾社会先后有"黑色岛国青年阵线""岛国前进""基进侧翼""福尔摩沙会社""台左维新"等团体成立，这些"独派"团体自称为台湾"公民运动"的发动者与策划者；三是社会"左倾台独"。这类主张强调民主程序正义，轻发展重分配，轻经济重公平，但政治立场与认同都是主张"台湾独立"，并持强烈"反中"的情绪。另外，还有个别团体或个人走"激进台独"的路线，甚至有时进行包括激进的政治抗争甚至暴力违法活动，严重危害台湾政治稳定。这些组织都日渐成为岛内政局与两岸关系发展的新危害。

第三节 "台独"的发展阶段

第二次世界大战结束后的一段时间里，台湾之所以出现"台独"的组织或运动，主要还是与国际势力的介入有密切关系。先是日本不甘心失去殖民地台湾，部分军人密谋，企图扶持"台独"。接着美国在当时中国国内形势的急剧变化中，对台湾产生了一些想法。从台湾问题的出现及发展来观察，外部势力在其中起到了很大的作用。特别是美国在台海两岸造成对峙局面，甚至直接或间接提供了各种形式"台独"可资发展的主客观环境。

一、第二次世界大战结束后的初期

这一时期，"台独"运动主要是由台湾本省籍上层精英人士在推动，而且这个阶层与海外有着非常密切的关系。

日本宣布投降后，中国政府尚未派人接收台湾，存在一个交接的权力空档期。这给台湾部分人士与在台日本少数军人提供了可以运作的空间。虽然当时台湾多数人对回归祖国充满期待，但从 1945 年 8 月 14 日日本天皇宣布投降，到 10 月 15 日中国政府军队在台湾基隆港登陆，10 月 25 日在台北正式举办受降典礼这个过程，中间存在一个长达两个多月的空档期，正是在这个空档期发生了一起"台独"计划。即所谓的"八一五台独案"或"辜振甫台独案"，提出"台湾人的台湾""台湾门罗主义"之主张，并开列台湾士绅数百名，酝酿成立"独立政府"，以林献堂为委员长。例如，当时日本贵族院议员、大地主林献堂，"台湾皇民奉公会"实践部长、财阀背景的辜振甫，日本宪兵团特务徐坤泉，以及林熊微、许丙、简朗山等人，与日军方的主战派军人牧泽义夫、宫中犄郎等合作策划在草山会议，发动了一起"台独"闹剧。

这是一次典型的由台湾本土乡绅人士与日本在台主战派密谋的"台独"企图，后经主和派日本安腾总督制止而未成功。这与当时台湾绝大多数民众热烈欢迎祖国军队接收台湾的盛况相比较，显然是有些不合时宜。这次"台独"事件可视为是当时日本殖民统治阶层中的一部分人不甘心在台湾地区的殖民失败，企图通过推动"台独"运动来阻止台湾回归中国。但也侧面说明当时台湾回归祖国后形势不稳，国民党的腐败统治已经激起民变，从而为部分人士鼓吹"台独"所利用。这期间也有外部势力介入其中。主要表现为"二二八"事件后，美国对"台独"运动的态度还是暧昧的。如 1947 年 5 月下旬，前美国驻台领事官员 Georgr Kerr 向国务院提出建议，认为应该让台湾成为联军或美国控制下的一个政策之地，直到战后亚洲达到某一程度的政治安定。[①]

1947 年 7 月美国驻华大使魏德迈访台，从总领事接到一些"台独"青年要求美国介入的请愿书，但魏德迈向台湾省议会议长保证，美国对于台湾没有任何领土野心，美国对台湾没有任何兴趣。这一时期，尽管美国的台湾政策尚未出现重大变化，但美国玩两面手法的动作却不时出现。换言之，虽然分离台湾地区在此时尚未成为美国的最高决策。但美国官方确实也曾有过以联合国"托管"台湾的阶段性计划。在 1947 年 3 月 3 日，美国驻台北总领事馆向华盛顿建议，以目前在法律上还是日本的一部分为由，用联合国名义进行直接干涉，同

---

① Georgr Kerr 著、陈荣成译；《被出卖的台湾》，台北：前卫出版社，1996 年版，第 320 页。

时向中国政府保证，待有了一个负责的中国政府后再归还中国。[1] 美国方面当时对"台独"的实力并不看好。例如，提及"没有新的证据表明当地主张'独立'的团体在人数、组织、武装和领导方面足以击败（在台湾）驻军而建立'反共'、亲美的台湾当地人的政府。所接触的人都是自封的革命运动代言人，所言不实，完全缺乏现实感，没有任何武装和群众基础，完全指靠美国来替他们实现其目标，还要养活他们终身。"[2]

这些都表明，美国当时对"台独"势力并未抱期待和幻想，仍然是从现实政治的考虑。还是要支持国民党中的亲美派。从 1947 年到 1949 年初美国政府发表的《美国与中国的关系：特别着重一九四四年至一九四九年的阶段》白皮书为止，[3] 华盛顿都是沿用这条路线来执行其对台政策的基调。

二、海外"台独"时期

"台独"势力之所以要远赴海外发展，主要也与台湾岛内的政治形势发展密切相关。1949 年国民党统治集团败退台湾后，强化了对台湾地区的控制力度。颁布了"台湾省保安司令部保安计划草案"，其中"实施要领"第七点中，就有针对"从事台湾托管或独立分子"进行监视或逮捕的相关规定。20 世纪 50 年代到 60 年代，零星的岛内"台独"分子不是被捕就是流亡海外。1964 年 9 月 20 日发生的"台湾人民自救运动宣言事件"，可说是岛内具有一定分量的"台独"事件，也具备"台独"国际宣传的效果。事件主角彭明敏原是国民党当局特意栽培的台籍精英，1961 年被任命为台大政治系主任。整体来讲，岛内"台独"虽然有一些事件，但也能够被完全压制，"台独"要维持生存也只能在海外以微弱的声音继续为"台独"发声。

战后初期的"台独"非常期望引入国际力量，尤其是美国的介入，以帮助"台独"达到目标，"二二八"事件前，即有一群台湾青年透过美国驻台官员转交给美国国务院的信件中，表达不希望台湾回归中国，而能依靠联合国的联合行政。[4] 但由于美国对"二二八"事件及其后面情势之演变，基本上采取袖手旁观的态度。也显示"台独"导引美国介入的策略，在这个时期基本上就开始

---

① 资中筠、何迪合编：《美国对台政策机密档案》，台北：海峡评论，1992 年版，第 20 页。

② 资中筠、何迪合编：《美国对台政策机密档案》，台北：海峡评论，1992 年版，第 30 页。

③ United States, Dept. of State. *United States Relations with China: With Special Reference to the Period 1944-1949*. Washington: U. S. Govt. Print. Off. 1949.

④ Georgr Kerr 著、陈荣成译：《被出卖的台湾》，台北：前卫出版社，1996 年版，第 250—252 页。

存在，但其力量实在微不足道，根本无法引起美国的关注，更无法促成美国真正去支持"台独"。

1949 年初，正值中国国内局势发生重大变化，美国政府也有一些相关的台海战略出台。其中美国国务院向总统提出一份全面"对台政策"的报告，几经补充后，正式由总统批准，成为美国对台"正式，但并非公开"的基本政策，该政策的目标就是，"不让台、澎落入共产党手中，为达此目标，最切实的手段就是把这些岛屿与中国大陆分隔开，而要避免公开地、单方面地为它负责"。①显示美国表面上不愿意卷入中国的内战，但私底下则已经策划不使台湾落入反美的共产党手中。朝鲜战争爆发之前，美国基本上是利用政治的、经济的手段阻止共产党势力进入台湾，但认为采取军事手段是不明智的，因为台湾地区在战略上对美国固然重要，但远不如欧洲重要。

1950 年 1 月 5 日，杜鲁门总统否决美国军事介入台湾局势，发表声明："美国对台湾或任何中国领土没有占领的企图。目前，美国并不愿意在台湾取得任何特殊利益或特权或建立军事基地……同样地，美国政府不愿意提供军事支持给台湾的中国军队。"②但同期，随着中国共产党在大陆的胜利，美国暗地里也开始了一些军事上的动作。依据 1950 年 2 月 15 日美国国务院给菲律宾大使查宾（CHAPIN）信件中指示，美国正考虑采取军事行动防卫台湾地区及扩大经济援台，但这一讯息极度机密，连菲总统季里诺也仅得知杜鲁门的保证，表示美国永远不会让共产党控制台湾，造成对菲律宾的威胁。③

随着朝鲜战争爆发，1950 年 6 月 27 日，杜鲁门发表声明，"台湾若落入共产主义者手中，即直接威胁全太平洋地域的安全。我向第七舰队下令阻止一切对台湾的攻击。"④正是随着冷战格局的不断形成，"台独"在冷战结构下也得以发展。

"二二八"事件后，鼓吹"台独"的人士纷纷逃到海外，先到香港，后则去

---

① *Foreign Relations of The United States*,1949,Vol.JX(Washington D.C.：United States Government Priting Office,1978),pp.265—267.

② *U.S.Dept.of State,American Foreign Polish*,1950-1955,Basic Documents (Washington D.C.：United States Government Printing Office,1957),pp.2448-2449.

③ ［美国国家档案馆档案：美国驻菲律宾大使 CHAPIN 访问季里诺（QUIRINO）总统后致电美国国务卿报告一件（1950 年 1 月 30 日）］,《台湾地区戒严时期五〇年代政治案件史料汇编（一）中外档案》，前揭，第 151 页。

④ *U.S.Dept.of State,American Foreign Polish*,1950-1955,Basic Documents (Washington D.C.：United States Government Printing Office,1957),pp.2468

日本或美国发展。海外"台独"的发展，当然与海外势力的支持与合作有很大的关系。

海外"台独"先以香港为中继站，随即于 1950 年东渡日本建立基地，直到 1970 年以前，海外"台独"势力主要是以日本为中心，随着台湾留学生逐渐以美国为主要留学国，留学生也成为海外"台独"的新鲜血液，使得海外"台独"的发展重心移转到美国。20 世纪 70 年代以后，海外"台独"的组织化更趋成熟，但面对国民党当局对台湾岛内的高压统治，"台独"只能流亡在岛外发展。

"台独"在岛外希望走体制外的革命路线，甚至为了引发关注，而与数起暗杀及暴力行动有关，如此激进的行动，除了引来美国政府的关切外，对以中产阶级为主的岛外台湾人社群而言，激进或暴力的革命路线不易得到支持。所以，随着台湾岛内政治民主化、"本土化"发展的逐步开展，海外"台独"也逐渐改走温和路线，无论是在政治救援、人权运动、国会游说，或是与岛内"台独"力量的联系，海外"台独"都展现出积极的姿态。

（一）"台独"在香港

"二二八"事件之后，在国民党的军事镇压下，使得一些台湾人担心有可能受到政治牵连或迫害，选择离开台湾，进而到岛外去推动"台独"运动，例如，林献堂以养病为由东渡日本后，便暗中支持邱永汉等人推动"台独"，且以"台湾民主独立党"顾问的名义居留日本，虽然未有直接证据证明林献堂参与"台独"，但林献堂居然在日本投降、台湾回归中国后，重回原来与之长期做斗争的殖民宗主国日本，当然与"二二八"事件之台湾岛内非常紧张甚至高压的政治气氛有关。

另一人就是廖文毅。1947 年 2 月 26 日，廖文毅、廖文奎、廖史豪和林纯章等人离开台湾来到上海，"二二八"事件后廖文毅被国民党政府通缉，6 月廖文毅等人在上海成立"台湾再解放联盟"。之后，廖文毅等人逃往香港。1948 年廖文毅以原上海"台湾再解放联盟"为班底，联合"独立派"及"托管派"两方力量，在香港组成"台湾再解放联盟"，由廖文毅担任主席，黄纪男为秘书长，其主旨是"台独"，这是第二次世界大战结束后岛外首个"台独"团体出现。1948 年 9 月 1 日，香港"台湾再解放联盟"向联合国提出"第一号"请愿书，重申应暂由"联合国托管台湾"的论调。①

---

① 黄纪男口述、黄玲珠执笔：《老牌"台独"黄纪男泣血梦回录》，台北：独家出版社，1991年，第 204 页。

廖文毅等人跑到香港来活动，仍然还是希望透过美国来支持"台独"。廖文毅曾在 1947 年 9 月底与美国驻华大使司徒雷登会面，得到司徒雷登的含有鼓励性的回复：The Formosan independence is a long and hard way,but worthwhile to struggle.（台湾"独立"是一条漫长而艰辛的道路，但值得奋斗）。这说明美国官方即使在此时还未公开支持"台独"，但私底下对"台独"的态度有同情。①

由于当时该组织只是暂时统合反国民党的力量，联盟内部成分复杂，总体政治力量并不大，加上香港港英当局也多次通令联盟成员不得在香港从事政治活动。在这种情势下，以廖文毅为首的"台独"势力只好离开香港，东渡日本。

（二）海外"台独"在日本

1950 年 2 月，廖文毅等人东渡日本，于 1950 年 2 月在日本的京都联合一些在日本的台湾人组成"台湾民主独立党"，继续其"台独"的运动。

相对于香港的台湾人群体总量较少的情形，日本当时则有不少台湾人生活、工作与求学。"台独"活动及发展的潜在空间自然增加不少。为进一步扩大"台独"的国际影响，廖文毅等人决定学习孙中山早年在海外革命的模式，成立了"台独流亡政府"及"临时议会"等组织机构，认为这样可以引起公共舆论特别是国际社会的关注。

廖文毅在 1955 年先成立"临时议会"，1956 年 2 月又在东京成立"台湾共和国临时政府"，自任"总统"职务。并以 1953 年创刊的"台湾民报"为临时政府之机关报。成立初期，其活动相关活跃，得到一些在日台湾人的支持，俨然成为日本"台独"的中心。不过，该组织由于内部纷争日渐加剧，以及遭到国民党特务的渗透，以致内部呈现分裂。先是 1955 年春，曾炳南、郑万福、鲍瑞生等人宣布退党，另组"民政党"，为日后纷争埋下伏笔。此后，在国民党的拉拢利诱下，不少中坚分子纷纷脱离"台独"返台，给予廖文毅等人很大的打击。1957 年前后，"临时政府"形象一落千丈，其发展面临越来越大的考验。

在这个时期，在日本的一群台湾留学生决定另起炉灶，于 1960 年成立"台湾青年社"，以王育德为指导，以留学生为基础，吸引旅日台湾人，宣传"台独理论"。

初期"台湾青年社"是以杂志社的形态出发，其组织架构并不健全，1963 年 5 月，"台湾青年社"进一步改组为"台湾青年会"，并设置"中央委员会"

---

① 陈佳宏著：《海外"台独"运动史》，台北：前卫出版社，1998 年版，第 53 页。

等机构,以强化其内部组织功能。由黄昭堂(黄有仁),担任"委员长",廖建龙,戴天昭负责吸引留学生吸引为会员。同时,"台湾青年社"也与廖文毅的"临时政府"继续维持良好的关系。同时,还针对台湾内部宣传,发行不定期的中文版"独立通讯",后改名为"独立台湾",初期其运作还算顺利,1964年"陈纯真事件"之后,该组织成员险遭牢狱之灾。陈纯真是国民党派遣在"台湾青年会"的间谍,后身份泄露,遂遭到"青年会"的软禁盘问,期间被组织成员戴天昭刺伤,因而触犯日本法律。后来被起诉的七人获缓刑。该事件后,1965年"台湾青年会"改组为"台湾青年独立联盟",由辜宽敏担任"委员长",活动更加积极。

经过几年的发展,"台湾青年独立联盟"继"临时政府"成为日本"台独"组织中最具实力与号召力的团体,尤其接受留日青年学生入盟,更为其他已经逐渐老化的日本"台独"团体难以企及。

日本另一支"台独"系统,是由"台湾公会"的史明,"台湾独立战线"的何文灿与廖文毅系统的"台独民主独立党"郭泰成,"台湾自由独立党"廖明耀,"台湾共和党"的林台元,在1967年4月在东京联合成立"台湾独立连合会",并创刊机关杂志月刊"独立台湾",但因无法获得所有日本地区包括"台湾青年独立联盟"及"台湾独立总同盟"的加入,故无法团结整个日本的"台独"团体组织,两个月后宣告解散。而史明以创立"独立台湾会"为继,且提出"主战场在岛内"的口号,并派遣人员返台工作。

进入20世纪60年代,国民党方面加大了对日本廖文毅势力的打压、游说与拉拢力度,不但在岛内查封他的家族所有产业,而且也派出不少台籍政要前往日本进行游说,在这种情势下,廖文毅的意志也开始动摇,最终廖文毅与国民党方面达成了条件。1965年5月廖文毅返台,结束在日本长达十几年的"台独"活动。随着廖文毅等"台独"大佬向蒋介石当局输诚投降,当然对日本的"台独"势力形成很大的伤害与挫折。

同时,由于在日本的"台独"团体成员存在居留权问题,以及随时面临被遣返可能性的笼罩下,加上留日台湾学生的数量并不多,使得以留学生为主体的"台独"之重心,在20世纪70年代后有渐移到美国的趋势。这也为海外"台独"团体在美国的发展提供了人力资源。

（三）海外"台独"在美国

"台独"在美国的发展始于1956年1月1日由台湾留学生在费城组成的"台湾人的自由台湾"小组（简称"三F"），其目标宣称要建立"独立"的"台湾共和国"，反对所有"外来的独裁政权"，因此，该组织将大陆及台湾蒋介石政权都视为抗争的对象。最初该组织的运作并不严密，更像是一般的协会性质，成员聚在一起讨论问题，商讨如何宣扬"台独"思想，并以自助的方式发行简单的刊物及传单等，对象主要还是台湾留美学生。由于当时台湾地区赴美留学者不多，该组织的影响力相当有限。

"三F"由于遭到国民党及美国方面的压制被迫于1957年自行解散。不久，"台湾独立联盟"成立，简称"UFI"。当时该组织也依然面临身份上的顾忌，因此仍然停留在秘密结社的阶段，直到1961年才正式公开其在美国的"台独"活动。UFI致力于寻求国际发言以宣传"台独"的管道。1966年6月，UFI主办"费城会议"，希望能先整合全美的"台独"团体，邀请全美九个地方的"台独"代表，决议成立"全美台独联盟"，简称"UFAI"，首任主席为陈以德。并设有执行委员会、中央委员会等机构。该组织的重要成员张灿鍙等人从1968年秋天起一年内相继搬到纽约市以使"台独"势力更为集中。并在全美有台湾人的城市和校区展开地毯式的横扫，进而建立UFAI盟员的基本联络网络，这一举动使"台独"人脉有一个比较大的增加。在蔡同荣担任UFAI主席后，于1969年9月20日召集日本、欧洲、加拿大及美国在地的"台独"主要干部至纽约市开会，决议成立世界性的"台湾独立联盟"（简称WUFI），各地原"台独"团体则一律改为WUFI各地本部，且各本部自行推选联盟中央委员，再由中央委员选举联盟本部负责人，从而使海外分散的"台独"团体得到了一定程度的统合。

WUFI组织倾向于采取激进手段，积极鼓吹"台独革命"论调。当时该组织基于台湾岛内必将发生革命的认定，提出了一连串暴力革命的号召。1976年WUFI出版"台湾人民独立自救手册"，鼓吹台湾人民要积极对抗蒋介石政权，该手册的内容猛烈抨击台湾当局，暴露出"海外台独"非理性激情的偏执面。同时，还鼓吹在台湾发起一连串的破坏行动，甚至连制造燃烧弹、炸弹的材料、装置、方法，以及投掷要点等都在手册中有详细说明。俨然是一份公开教唆暴力犯罪的计划书。他们认为恐怖行动在颠覆台湾当局的过程中具有显著的重要性。一直到20世纪80年代末，"海外台独"仍未松动其所谓的暴力革命路线，例如郭倍宏、陈婉真等人始终坚持在推翻国民党过程中，除了运作体制外的和平改革，也必须保留武力革命的主张以作为最后的诉求。在暴力革命的鼓吹下，"海外台独"在1970年制造了"四二四刺蒋事件"，对造访美国的蒋经国进行刺杀活动。该事件发生后，台湾方面不但强化了对"海外台独"的强硬态度，并持续向美国施压，要求严惩"台独"的暴力行为。

由于这一事件与暗杀、暴力有关，引发了WUFI内部的争论。一派以主席蔡同荣为主的领导层，为了避免刺蒋事件有所牵扯，而招惹美国联邦调查局的搜查，所以主张撇清与"刺蒋事件"当事人的关系，正式对外宣称"刺蒋事件"系盟员个别人的行为。不过，另外一派则有不同想法，认为WUFI应当承担责任，应该利用刺蒋事件的官司从事"台独"革命宣传，以壮大"海外台独"的声势，就算WUFI因此被迫解散，只要人员继续存在，要重建新的"台独"团体并不困难。此后随着刺蒋主角黄文雄、郑自财等人的逃亡而引发了组织内部的分裂与争议。但"海外台独"并未放弃对暴力手段的坚持，继续发起了一系列的暴力事件。特别是使国民党在美国各地的办事处受到冲击。"海外台独"对国民党的仇恨，也蔓延到一些与国民党当局关系密切的个人身上，"台独"不断升高对国民党当局的暴力斗争。但这些对"台独"在海外的发展并没有太多正面的帮助。相反，被贴上了"恐怖主义"的标签。也让旅美的台湾人产生了对"台独"的恐惧情绪，也使"台独"逐渐流失潜在支持者与国际社会的支持。

特别是在美国，1981年3月底，加州总检察署向州议会提出年度报告，将"台独"列为恐怖分子，意味着美国政府已经无法容忍"海外台独"的暴力斗争。在这种情势下，"海外台独"组织内部逐渐出现了要求稳健、温和的声音。以彭明敏等人为首的温和派开始与激进路线分道扬镳。张灿鍙等人开始试图将WUFI的暴力刻板印象进行转化，以避免"海外台独"回归台湾后在岛内的发展受到影响。一些成员开始与暴力斗争的激进路线画清界线，转而以温和形象在台湾扎根。显示"海外台独"已决定走和平路线。此后，随着台湾地区解除"戒严"，"海外台独"开始逐渐回归到台湾，与成立不久的民进党进行合作。

虽然WUFI这个"台独"组织仍然在美国，但其主要成员都已陆续回到台湾岛内。此后，在美国的"台独"组织开始以"台湾人公共事务会"运作。事实上，在"解严"前的党外时期，海内外的"台独"已经开始串联。由于台湾当局对"台独"实行严格的镇压，所以"海外台独"的活动主要在海外，以邮递信件的方式来向台湾岛内传播"台独"讯息。海内外"台独"信息的交流，使一些岛内"台独"事件可以得到"海外台独"在国际舆论等方面的援助。

在这一时期，"海外台独"以更激进的"台独"诉求，来确立本身"台独"论述的领导地位，巩固基本盘的支持，厚植回归台湾岛后与岛内"本土台独"势力角逐政治版图的实力。同时，激进路线也可以吸引国民党的目光，并掩护羽翼未丰的民进党，减轻其"台独"风险，使岛内"台独"有更大的回旋空间。

四、党外时期的"台独"

战后台湾岛内反对国民党的政治运动，历经20世纪50年代的白色恐怖，以及60年代"自由中国"组党的挫败，70年代集结在"本土文学"的旗帜下。特别是1970年以来的反对势力之主体则是台湾岛内政治精英的结合。

"台独"势力虽然在借助党外的民主诉求中偷渡，但一直没有办法成为党外的主流诉求。党外汇集了当时台湾各方的反国民党力量，并以不断的选举运动来累积政治能量。同时，在党外开始追求岛内民主化之际，"海外台独"也无法直接参与岛内的事务。但确实党外势力与"海外台独"有一定的连接性，这也是后来民进党成立后的"台独"走向有所关联的原因。海外"台独"透过各种管道影响党外的民主思潮，也有一些党外人士越洋到日本美国取经，带回台湾。但党外时期的过程中，本身也有"台独"的启蒙意识在其中。

国民党在台湾的独裁统治，使党外反动运动中，隐晦的"台独"主张也渗入党外的民主诉求中。国民党当时为了回避党外的批评，也在政治上做出一些开放的姿态。例如，开放基层的选举就成为国民党的一种手段。而党外也借助这些选举，使自己的势力及其影响日渐扩张。选举对于党外而言正是动员民众，影响民众的最直接最有效的形式。而1979年"美丽岛"事件的发生，特别是当时为"美丽岛"受刑人进行辩护的律师，有意识地进行"台独"辩护，使得"台独"的影响有所提升。

党外正式成形后，其主要诉求还是在争取民权。尽管国民党对党外争取民权的言论有一定的包容度，但不意味着党外在民族或族群的议题上就可以随便发表言论。特别是对于有关台湾前途的选项之一"台独"时，党外显得格外小心，以免落入国民党的"判乱"之司法指控。在当时国民党对"台独"高压政策的情势下，党外对主张"台独"似乎总是充满暧昧，常以"自决"的外衣来包装其"台独"主张。

"台独"言论早期在台湾社会被公开讨论，与"长老教会"这一势力的支持分不开。1977 年 8 月 16 日，"台湾基督教长老教会"发表声明"台湾基督长老教会人权宣言"，主张"使台湾成为一个新而独立的国家"。①但面对"长老教会"公然鼓吹"台独"的言论，当时党外人士基本上不敢大声附和。

1978 年 12 月 25 日，党外发表"党外人士国是声明"，强调"在国际强权的纵横捭阖下，我们的命运已面临被出卖的危机，所以我们不得不率直地申明：我们反对任何强权支配其他国家人民的命运，我们坚决主张台湾的命运应由 1700 万人民来决定"。但当时党外的重要人士如余登发、黄顺兴、王拓、陈鼓应等被视为统派的群体认为声明中隐含"台独"主张，所以拒签。就当时而言，党外"台独"与统派的争议尚未造成党外的实质分裂，因为 20 世纪 70 年代台湾"国家认同"的问题尚未突显，当时很多人还没有清晰地意识到未来是要"独立"或统一。换言之，当时统"独"问题不是主要的议题。在这个时期，党外还被视为只是一个纯粹的民主运动，而与统"独"无关。尽管"台独"被党外领导层视为一个可以努力的方向，但仅是台面下的私语，当时还无法成为党外的普遍共识。

当时，多数党外参选人并不喜欢被贴上"台独"的标签，例如，康宁祥认为国民党从 1972 年以来，总是把党外人士不是说成共产党就是说成"台独"，他认为这是在戴帽子，将制造选民的敌对。足见党外对"台独"，总是希望保持一定的距离。

此后，随后国际形势以及台湾岛内局势的变动，党外"独派"的声音开始有所上扬，当然使党外统派产生疑虑，但"独派"与统派在民主、人权运动等议题上还是可以携手合作。但就在这个时期，党外势力中统派与"独派"的矛盾在台湾"加入联合国"问题上的分歧开始发生。尽管当时党外可以包容统"独"双方不同的立场，但并不表示统"独"不曾引起双方的争论。

例如，1979 年 6 月 2 日，美丽岛杂志社编辑会议暨党外候选人联谊会成立会议时，便产生一些波折。被视为党外统派的张春男提出："借杂志来结合党外的力量是个好主意，但目的是制衡还是保台，立场要确定。如果保台，便要放弃三分之一的统一派势力；如果要制衡，要联合三分之一的统一派势力"。②因为，此时党外统"独"双方的最大敌人还是国民党。失去任何一方力量，都将

---

① 汪伟瑞：《台湾"基督长老教会"之政治参与——以台南地区长老教会为例》，台湾铭传大学公共事务学研究所，2003 年版，第 76 页。

② 陈佳宏：《海外台独运动史》，台北：前卫出版社，1998 年版，第 125 页。

对党外阵营造成难以弥补的伤害。因此，当1979年美丽岛杂志社成立，形成美丽岛政团时，虽然大部分成员心理都想主张"台独"，但是没有一个人会明确主张，只是朝着达成"台独"的方向去做。而吸纳包括统派在内的所有力量，才是当时党外的最佳战略。从这个角度来看，党外对统"独"的态度还是停留在利用的面向上。

而在1980年对"美丽岛"受刑人的司法大审判中，美丽岛被告将自身对台湾前途及"中华民国"体制的想法，也透过法庭辩论而被媒体报道。特别是施明德所宣称的"台湾独立就是中华民国独立"，并认为它是"两个中国"模式和"一中一台"模式的折中方案，而不要争执于"国名、国旗和国歌"之次要问题。上述言论以及施明德所谓的"台独"诉求，被传播到全台各地。但当时，台湾社会对"台独"的看法仍然非常负面。

尽管美丽岛大审判有关对"台独"的讨论，但与同时期的海外"台独"相比较，后美丽岛时代的"台独"论述显得保守谨慎。此后，随着国民党对"台独"的全面压制，党外人士相对在"台独"上表现出谨慎的姿态。1982年党外发表"党外人士的共同主张"，虽然党外强调自决，但主张的前提却是"民主、团结、救中国"。"台湾自决"与"救中国"是否有连带关系呢，党外人士显然不能自圆其说。但却可以避免掉入国民党的"台独"指控。党外虽然强调与中华民族相联结的保护网，但也提出包括"主权归属"在内的"公决"，无疑再一次偷渡"台独公投"之主张，只不过采取多方迂回的手法。1983为因应"增额立委"选举，党外提出了"民主，自决，救台湾"的口号，并发表政见，这有别于前年的党外"救中国"之联结，才过一年，党外便抛弃中国的"包袱"，而直接强调由台湾"全体住民自决"。住民代表先前的人民，显然为了缓和"台独"常被曲解的族群排斥性。

由于党外"十大政见"的第一条被国民党指控为"台独"，党外主流、且是党外领袖之一的康宁祥便主动要求删除"自决"的政见。康派当时算是温和派，虽然主张"台独"，但不反对统一。康派的做法使党外产生了反康派的两股力量：一股是质疑康派"台独"立场的力量，来自继承美丽岛政治运动的"台独"派，他们要求康退出党外革命领导阶层，反对大一统的"泛中华主义"，支持台湾乡土文学和台湾民族意识的建立；另一股力量则质疑康宁祥对国民党的妥协。他们充满深厚的统派性格，是党外统派势力的延续。以李敖、林正杰等人为主。《前进》周刊为其喉舌，在"台独"和统一之间，他们和康派一样站在中间，与康派不同的是，他们更倾向统一，当时康派在政治光谱的中间，左右两端都有党外的统"独"两派。

康派的主张是希望党外朝反对党的地位前进，但反康派认为要巩固群众基础，只有等到台湾权力的结构改变时，国民党才会被迫让出政权。而如果直接走进立法机构，就如同踏进国民党预选设计好的陷阱。当然，透过选举赢取更多的席次，在体制内寻求改革的稳健做法，仍是当时党外的主流思维。

虽然公职挂帅的思维，主导后美丽岛时期的党外行动主轴，但有别于康派之党外主流。党外非主流对党外路线仍具有相当的扭转实力，尤其是"台独"派在批康运动中的势力不断增长。而主战场则是从美丽岛杂志终止发行以来，另一波党外杂志蓬勃发展的时代，这些杂志确实在宣传"台湾意识"，散布"台独"种子方面有一定的进展。事实上，这些积极宣传"台独"理念的杂志，其不少成员后来都成为"新潮流系"的早期班底。

但党外的主流仍然觉得不能与"台独"搅到一起。在1986年民进党成立时，其党名就是为了不卷入"中国结"与"台湾结"的困扰，而改采"民主进步党"之名。因为当时组党是会面临国民党的制裁，党外仍然需要统合党外所有的势力以资抗衡，而不急于在统"独"问题上摊牌，以免分散新生政党的力量。

五、"解严"之后的发展

民进党在1986年成立后，虽然该党继承了党外的传统，但随着民进党政治势力的提升，其追求"台独"的企图越来越明显。民进党经1986年11月"自决党纲"、1988年4月"四一七决议文"，1990年10月"一〇〇七决议文"的酝酿，终于在1991年通过"台独党纲"，明确揭示民进党是一个不折不扣的"台独党"。

民进党创党之初就直接在其党纲中明确提示隐含"台独"诉求的"自决"主张。但又要避免触及国民党的红线以求自保。因此，搬出1966年联合国大会所通过的"经济社会及文化权利的国际规约"来当挡箭牌，且始终否认其为"台独"。民进党首任党主席江鹏坚就曾称，"遵守宪法"就是反"台独"、"反共"。江鹏坚甚至将支持"台独"比拟为"强盗"，不惜以贬损"台独"的方式来声明民进党与"台独"无关，足见创党之初民进党所面临的外界压力。尽管如此，民进党的自决主张仍然有相当程度的号召力和鼓动性。

1987年7月15日，蒋经国宣布"解严"，台湾新的政治情势让岛内外"台独"野心大增。随着国民党当局对"台独"运动的态度逐渐发生转变。"台独"主张在岛内的环境发生重大变化，海外"台独"势力也开始回到台湾本岛，将"台独"的主战场由海外搬回台湾。由此，海外"台独"随之掀起一波波的返台热潮。并与"解严"前后台湾内部快速变迁的政治情势相互激荡，在台湾岛内掀起新一波的"台独"高潮。

由于国民党的"解严"动作并未从根本上化解与民进党的矛盾，相反使两党的矛盾和对抗进一步升级。1987年8月底，"台湾政治受难者联谊会"成立，蔡有全、许曹德等人提议将"台湾应该独立"列入章程而获得通过。这是战后台湾岛内首次政治团体组织化的"台独"公开声明。1987年11月9日，民进党第二届党员代表大会中更通过"人民有主张台湾独立的自由"。民进党企图以全党声援"蔡许台独案"作担保，并高举"台独"言论自由的基本人权与国民党对抗。

1988年4月17日第二届全台党代表大会第一次临时会通过了"四一七决议文"，民进党以"四个如果"间接点出其"台独"诉求。尽管如此，在这个时期，党内对"台独"的分歧还是存在。1988年8月8日，黄信介在竞选民进党党主席时直言："实际政治上，有许多是可说不可做（反攻大陆），有许多反而是可做不可说（台独）"。[①]黄信介的观点，认为当时民进党实力不足，一语道破岛内"台独"的困境。但在"台独"路线的压迫下，林正杰等一批统派人士逐渐退出民进党，"台独"诉求在民进党内部逐渐成为谁都不能触碰的政治图腾。党内渐渐已经没有不主张"台独"的自由，而只有主张"急独"与"缓独"的自由。[②]

在民进党内部"台独"强硬派的催促，以及1990年海外"台独"回归行动所可能抢占岛内"台独"政治版图的压力下。民进党为了争夺"台独"的话语权，在1990年10月通过"一〇〇七决议文"，宣布"台湾主权"与大陆无关。这时民进党仍然不敢对"台独"全然表态。但随着岛内政治局势的复杂，以及对"台独"言论的不断测试，民进党领导层已不再拘泥于黄信介的"可做不可说"之框架，而是直接祭出"台独"大旗。1991年1月13日，民进党第五届第一次全台党员代表大会修正通过"建立主权独立自主的台湾共和国"基本纲领。此为一般所称的民进党'台独党纲'。

[①] 黄华，前揭文，130页。余陈月瑛：《永远的民主战士黄信介》。

[②] 陈星：《民进党权力结构与变迁研究》，引言部分。

1992 年 5 月 15 日,台湾"立法"机构三读通过"刑法第 100 条"修正案,废除其中"和平内乱罪"条款,使得过往的"台独"言论及"台独"结社之法律限制,至此走入历史。"台独"诉求从此在岛内大肆散布与宣传。随着"台独党纲"成为民进党的神主牌,也给民进党后续发展带来重大的影响。

李登辉执政时期,国民党内部对于民进党的"台独"主张内部意见分歧,大致形成两派:李登辉一派扮演白脸,强硬派扮演黑脸。强硬派主张要解散民进党,但李登辉主张留一手,当然有其政治考虑。其目的还是利用民进党来压制国民党内部的政治对手。李登辉拉"台独"势力来压制党内政治竞争者是当然策略上的运用,客观上对"台独"在岛内的发展起到了某种掩护的功能。

六、2000 年以来的发展

民进党在 2000 年的选举中,利用泛蓝阵营分裂的局面,一举击败执政长达 55 年之久的国民党,首次获得台湾地区的执政权。尽管民进党有赤裸裸的"台独党纲",但在现实政治环境下,民进党的"台独"企图也只能暂时隐蔽。但其"台独"动作并没有停止。民进党借用"中华民国"体制之壳,透过"去中国化"等动作来为下一阶段的"台独"进程,累积更多的资本。但从另一面向来观察,民进党的执政,也使"台独"的现实困境开始显现。

民进党在 2000—2008 年期间执政,全面掌管台湾地区政治、经济、军事等大权。尽管陈水扁在执政之初曾提出"四不一没有"之政治承诺,但随着两岸关系的下滑,陈水扁当局在两岸关系方面的躁进、冒险等做法不断呈现,并企图以此来挑战大陆的底线,之后,随着国共两党的正式和解,民进党当局更是强化了分离的倾向,在"台独"道路上加码,诸如"以台湾名义加入联合国"和"入联公投"、废止"国统会"及"国统纲领"等动作,都使两岸陷入对抗的困境。民进党的"台独"躁进成为两岸关系紧张与动荡的重要根源。尽管"台独"势力曾对陈水扁政权寄予厚望,但形势逼人强。"台独"不仅遭遇到岛内政治力量的强力杯葛,而且也会受到来自大陆及国际社会的抵制。一句话,借用陈水扁之言就是"做不到就是做不到"。"台独"势力的期待也随着民进党在2008 年选举中的极大挫败而坠入低谷。

然时隔八年,随着蔡英文带领民进党在 2016 年选举中取得执政权,民进党再次取得执政权后,台湾岛内的"独派"势力推进"台独"进程的期待又似乎再一次被点燃。蔡英文当局迫于国际形势及大陆的压力,其大陆政策主张不得不强调维持两岸现状，但由于蔡当局不接受"九二共识"，两岸关系陷入僵局与对抗，民进党的"台独"动作虽然没有停止，但也不敢公然采取其前任陈水扁时间的激进"台独"动作，"台独"的困境越发突出。

总体来看，随着民进党先后两次执政，民进党对于"台独"仍然是利用的策略，当处于在野时期，民进党的主张更为显露其"台独"倾向，以此来凝聚深绿基本盘的选票。但当民进党居于执政时期，则迫于现实之政治压力，暂时收敛其"台独"倾向，这是民进党在对待"台独"势力的两手策略之运用。

第三章 "台独"最新发展及其影响

民进党在 2016 年台湾地区"大选"中大获全胜，不但取得了执政权，而且还取得了"立法院"的优势席次，从而实现行政权和立法权一把抓的政治优势。民进党重新执政之现实，无疑使"台独"势力日渐嚣张，"独派"对抗大陆的心态也不断膨胀起来，这无疑会对两岸关系和平发展进程造成极大的影响与冲击。民进党上台以来短短两年左右的时间里，"台独"势力在岛内就掀起了一波波的"台独"浪潮，无论是提案"废除国父遗像"的"去孙中山化"之动机，还是"世芳扯铃"说折射出来的"去中国化"之灵魂扭曲，或是立即废止"课纲微调"的迫不及待动作，抑或是重新开启"加入联合国"的狂妄，都一再表明当前岛内的"台独"势力并不会甘于现状，而是有可能会变本加厉掀起"台独"新浪潮。两岸关系因"台独"势力的牵涉而再度陷入动荡不安的可能性大增。

第一节 "台独"发展的最新态势

一、"台独"组织形态的新态势

民进党重新执政后，"台独"势力的组织形态出现了一些新情况。当前，"台独"的组织不断完善，既有政党政团组织，也有智库媒体机构，既在岛内经营基层实力，也在国际社会摇旗呐喊。尽管早期"台独"在岛内也有以政党形式出现过，如"建国党"，以及目前的"台联党"等政党，但这些政党的政治影响力相对有限，特别是其成员主要还是以老年群体为主。这些政治力量除了宣传理念外，对台湾政治运作的实际影响力相对有限，尤其是对年轻人缺乏吸引力。传统"台独"政党及政团组织普遍面临后继乏人的窘境。但绿营重返执政后，以"时代力量"为代表的"台独"新政党迅速成长，它目前虽然在台湾立法机构只有区区 5 席，但在议题把握与基层经营方面却着墨不少，需要特别强调的就是，"时代力量"的支持基础主要来自年轻人群体，这是它与传统"台独"政党政团组织的最大区别。事实上，从"时代力量"的支持群体光谱来看，其基本支持盘当然还是绿营，但它也吸引到一些没有政党偏见，甚至还有极少数蓝营选民的支持。"时代力量"之所以能够在支持基础上有所突破，主要还是其"左派"的主张吸引了台湾社会部分群体的关注。这些主张主要体现在经济和政治等领域，诸如追求直接民主，主张扩大公民参与的空间，压缩政党政治运作的空间。在蓝绿政治恶斗持续数十年的台湾社会，"时代力量"的这些主张和诉求策略还是有一定的吸引力。

表 1　蓝绿光谱下台湾民众支持"时代力量"的比例

政党认同	百分比
泛绿	6.9%
泛蓝	3.0%
第三势力	19.5%
不偏任何政党	6.69%

（本表的数据源于台湾智库网站 http://www.taiwanthinktank.org）

当前，"台独"势力还大力强化对智库机构的经营，这也是较过去显著不同的一个面向。"台独"势力正是看到智库机构对社情民意及舆论引导方面的重要作用，绿营重新执政之后，"独派"对智库的关注与经营更为用心，当然这也与"独派"势力在台湾岛内所面临的政治、经济及社会氛围大为改善有直接的关系，特别是具有"独派"背景的政党及政团社团组织能够获得的金援大为增加。台湾政党第三次轮替后，"台独"大佬辜宽敏将其创办的"新台湾国策智库"转交给陈水扁势力去经营，而诸如"凯达格兰基金会""台湾智库"等传统"独派"智库也都纷纷招兵买马，壮大实力，试图增强对蔡当局的影响力以及强化对"台独"话语的论述能力。由此可见，当前台湾岛内"独派"势力正在不断强化对绿营智库的重视和经营。此外，"台独"势力还在美国华府成立了"全球台湾智库"，试图与美国支持绿营的产官商学界建立起更多的联系管道，从而强化美国社会对"台独"的支持力度。

二、"台独"世代更替的新态势

当前，台湾岛内"独派"势力正呈现出老中青三代发展的最新态势。如果从世代的角度来观察台湾的"独派"发展，现阶段无疑呈现出老中青三代皆有的情形，这也是过去少有的现象。

"老"是指以李登辉为代表的老一代"台独"势力。"老台独"势力主要包括两部分：一是"日系台独"。以李登辉、辜宽敏、史明等人为代表。"日系台独"在台湾鼓动一些具有"皇民化"背景的台湾本省人士，推动"独派"组织及社团组织成立。"日系台独"势力总体上对日本抱有殖民统治之情结，站在"台湾地位未定论"立场，要求彻底改变现状，让"中华民国"在台湾的"合法性"彻底消失，宣称"中华民国是在 1949 年跑到台湾，霸占台湾"，[①] 该论述在台湾和日本民间都有一些支持，故"日系台独"势力在很大程度上还不愿意认同台湾目前的"宪政体制"。二是"美系台独"。"美系台独"组织的成分相对复杂。最早的起源是第二次世界大战结束之初，美军为了不让中国强大，而鼓动部分台湾人"独立"而出现的组织。但"美系台独"组织中影响最大的则是总部设于美国华盛顿的"台湾人公共事务会"（简称"FAPA"）。主要以蔡同荣、彭明敏、陈唐山等人为代表，该组织早期曾获得"美国在台协会"（简称"AIT"）的赞助，长期在美国从事"台独"分裂活动。例如，刻意把海外中华侨胞切割为"华侨"与"台侨"两支。[②]"美系台独"势力随着台湾"解严"，其成员陆续回到台湾并参与政治，开始朝融入台湾"宪政体制"之方向发展。但从总体上来看，无论是"美系台独"还是"日系台独"，它们双方有一个共同的妥协就是"台湾前途决议文"，即以借壳上市的方式，强调"台湾是主权国家，现在叫中华民国"。此后，"日系台独"势力逐渐演变成为当前台湾社会的"老台独"，而"美系台独"势力则逐渐介入民进党的政治斗争中去，并开始推行"稳健台独"路线，逐渐成为民进党的主流共识，民进党"新潮流系"在很大程度上就是"美系台独"势力的继承与发展。"中"是指以民视新闻电视台的老板郭倍宏等人为代表的中生代"台独"势力。这股"台独"势力的一个共通点就是不少具有留美或海外留学的背景，有一定的国际视野和海外关系，更为重要的还在于他们能够掌控媒体，擅长透过媒体在台湾社会煽动"台独"意识，对台湾社

---

① 陈佳宏：《海外"台独"运动史》，台北：前卫出版社，1998 年版，第 75 页。

② "台独"势力把从广东、福建去美国的中国人称为华侨，而把 1949 年之后由台湾去美国的称为"台侨"，刻意在海外华侨社会中人为制造分裂和对立。

会和台湾民众进行"台独"思想的洗脑工作。"青"是指以"时代力量"为代表的新一代青年"台独"势力。

绿营重新执政后,"台独"势力出现了老中青三个世代交替的现象,特别是"老台独"势力逐渐开始把"台独"资源转移到"新台独"身上,这或许是当前"台独"势力在岛内重新洗牌的主要迹象。特别是当前,台湾新一代"台独"势力非常强调走美日路线,强调区域合作与共同利益,这与"老台独"的做法有所不同。传统上"老台独"的论述侧重在宣传理念,甚至很多还是危言耸听的言论,让很多年轻人无感。而新一代"台独"势力则利用网络,紧扣议题来宣传"台独",其不少成员除了具有留学美日背景外,还有不少具有留学欧陆之经历。过去台湾留学欧陆经历者多主张统合论、融合论,但绿营重新执政之后,其执政团队中不少中生代政治人物皆有欧洲留学背景,"欧系台独"势力的加入,无疑将使"台独"势力的成分变得更为复杂。

三、"台独"运作模式的新发展

传统"台独"势力的运作模式主要还是以参加选举和政治运动来实现。但绿营重新执政后,"台独"运作模式也发生了很大的变化。具体而言,主要有以下几个特点:一是注重体制内运作与体制外运作的结合。如"独派"势力利用在立法机构担任"立委"等有利之机,刻意炒作议题,并在台湾社会引发讨论与发酵;二是"新台独"与"老台独"开始进行某种程度的整合,并强化战力。例如,李登辉公开表态支持"时代力量"的黄国昌,民视新闻电视台找来旅美的大陆"民运"人士曹长青担任政论节目的嘉宾等;三是"独派"加强对智库的经营,提升"独派"的论述能力。传统"独派"的论述主要聚焦于"台湾地位未定论",这些老掉牙的腔调显然无法有效吸引年轻群体的兴趣,而新"台独"势力则强化对智库的经营,透过结合公共议题,以及强化对区域合作等议题的关注,来强化"台独"的论述;四是强化对媒体的经营。目前"独派"势力对台湾媒体的控制力道非常强,不但控制三立电视台、民视新闻台、自由时报等传统媒体以及地下电台等,还掌握着大量的新媒体。当前"台独"势力与媒体的合作,已成为影响民进党的重要政治力量。例如,"海派"已成为民进党新的一大派系。没有民进党党籍的三立电视台董事长林昆海成为民进党派系"海派"的掌门人。媒体大佬介入民进党政治权力斗争中,大大小小的政论节目都挂上绿旗,特别是绿营政治人物要出名要参选,都抢着要上三立台的政论节目,增加其曝光度;① 五是"独派"擅长运作网络来宣传"台独"。近年来,"独派"势力擅长利用网络来发布一些议题,从而操作"台独"意识,激化台湾社会内部的统"独"对立情绪;六是"独派"势力还强化与各种反华势力相勾结,图谋在更大程度上对大陆进行牵制,例如,"时代力量党"与香港本土派政治人物的往来,与"港独"势力进行串联,② 此外,还与诸如"疆独""藏独"等分离势力进行勾结,③ 试图撕裂两岸关系。

"台独"势力在台湾岛内的出现及其最新发展,都有着极其复杂的历史环境与国际因素。而民进党重新执政后,"台独"势力发展出现的一系列新情况,也与当前台湾问题所面临的新情势密切相关。

（一）国际因素

长期以来,"台独"在国际社会的最主要支持力量无疑是来自美日两大阵营,而绿营"独派"在海外最大的两个发展渊源就是在美国的"台湾人公共事务会"（简称"FAPA"）这一"独派"组织以及在日本的"皇民化独派"势力。尽管"海外台独"在 20 世纪 90 年代中后期开始回迁到台湾岛内发展,但"海外独派"势力在美日等国家仍然有一定的影响力。而近年来随着中华人民共和国国力的增强,崛起速度不断加快,美日等国家对中国的防范与遏制力度不断加大。美国的"重返亚太"以及"亚太再平衡"等战略,在很大程度上就是针对中国而来。而过去几年以来,随着中日两国围绕钓鱼岛主权争议的持续存在,中日两国关系的大幅降温,日本安倍政府则全面配合美国,在亚洲地区扮演起全力围堵中国的重要打手。

在当前中美战略对抗不断加剧,以及中日关系大幅降温的情势下,岛内"台独"势力则全面倒向美日阵营,企图从中美矛盾加剧之际获取利益。而美日等国家也把"台独"势力视为制约中国崛起的重要棋子,积极拉拢"独派"势力。特别是美国新总统特朗普强势入主白宫后,其鲜明保守主义的性格以及当选后对美国政府过去"一中"政策的质疑等动作,也为未来中美关系的走向增添了不少的变量。"台独"势力也似乎很受鼓舞,野心勃勃,企图与美国的右翼保守势力强化合作,寻求美国对"台独"势力的更多支持。

① 《三立林昆海"海董"变"海派"》,台湾《新新闻》,2016 年第 8 期,总第 1534 期,第 50 页。

② 《时力台港议员论坛今登场 "港独""台独"交流？》,中评社台北电,2017 年 1 月 7 日。

③ 《台联争取蔡政府批热比娅访台 称陈菊也邀过》,中评社台北电,2017 年 1 月 24 日。

（二）两岸因素

当前"台独"势力之所以在岛内有一定的影响力，或许说台湾部分民意有朝"趋独"方向发展的迹象，其背后当然有一定的两岸因素使然。在这里，两岸因素主要体现在两个层面：一是两岸之间的结构性矛盾与冲突，这是一个历史遗留问题。两岸之间在政治体制、社会制度、价值取向及意识形态的差异客观存在，台湾社会部分民意对现阶段两岸实现统一仍然存有很大的疑虑。加之过去几年海峡两岸的大往来、大交流状况所呈现出来的差异化，都使不少台湾同胞对大陆产生了认识上的一些误区，其根源还在于台湾社会对大陆经济社会快速发展的不适应之焦虑情绪开始出现。也就是说，两岸之间本身存在的结构性矛盾，两岸社会长期分隔的现实，以及台湾过去长达数十年的"反共"教育等，都使两岸的互信基础非常缺乏，海峡统一之路格外任重而道远。二是民进党和"台独"势力过去长期在台湾社会所进行的"极端本土意识形态"动员，特别是过去几年，"独派"出于意识形态以及政治斗争之考虑，刻意对海峡两岸的交流与合作进行负面的攻击，特别是透过"抹黑""抹红"之手法来误导台湾民意的走向，尤其是在台湾社会时不时掀起"反中""恐中"的社会氛围，这无疑是当前岛内"台独"势力日渐嚣张，而统派势力陷入被动的原因所在。

在两岸尚未就政治解决历史遗留问题的大结构下，台湾民意走向很容易受到"独派"势力所谓"政治正确"的影响与牵制。在台湾社会被"独派"肆虐与喧嚣的氛围下，统派势力以及主张两岸和平发展的政治力量无疑会被严重压抑，特别是绿营重新执政后，绿营和"独派"势力对国民党以及统派势力的打压空前加剧，也使"独派"势力的嚣张气势有所增强。

（三）岛内因素

当前岛内的因素则更为复杂，主要在于当前岛内民意结构中出现了某种"容独"的趋向。其意识形态中认为"未来台独是选项""未来仍有可能实现独立"等，这种复杂心理的出现，背后有其深层次的历史、社会、文化和政治因素。

首先是民进党重新执政后，虽然蔡英文宣称要"维持现状"，但民进党并未公开放弃分离主义的政治意识形态，这也是绿营执政后的一系列动作中，在处理两岸议题上仍然以柔性手段推动"去中国化"，不断切割两岸的历史文化联系，继续扩大台湾"主体意识"的民意基础，持续强化利"独"而不利统的民意氛围，这无疑会使台湾岛内已经严重异化的"主体意识"不断得到强化，两岸分离状态更会持续巩固,自然会使部分民意中的"容独"心理更为扩增。

其次,"时代力量"等新"台独"势力的兴起,他们以追求"台湾国家地位正常化"为核心理念,反对国民党"外来政权",主张"脱离中国的影响力",该势力借反对"两岸服贸协议"的社会运动上位,打着民主自由的幌子,依仗网络媒体大肆宣传,通过选举登上政治舞台,这股政治力量的出现,促使岛内"独派"势力分化组合,新型"台独"运动悄然兴起,客观上也让部分民众的政治情绪出口和政治选项有了新的选择。特别是一大批以青年为主体的人群,积极参与该类组织及其活动,将其视为是实现自我价值实现的新形式,结合了非理性、解构主义和反权威等后现代,构成了一个全新的"台独"理念层次。

最后,民进党重新执政后,绿营"独派"势力的心理预期大增,更是希望在"台独"议题上能够有所突破,进而实现绿营上次执政——陈水扁当局所没有完成的任务,这也使不少"独派"人士产生了想毕其功为一役的政治野心。加上蔡英文上台以来,由于施政表现不佳,台湾社会的反弹情绪出现,"独派"也感受到了很大的压力,产生了某种焦虑情绪,自然希望蔡英文当局在"台独"之路上尽快能够推动起来。另外,由于国民党执政八年却仓皇下台,台湾社会仍然有不少对国民党的不满情绪存在,这股不满情绪多少也发泄到大陆身上,从而给了"独派"很大的操作空间与机会。

第二节 "台独"风险及社会影响

一、绿营重新执政下"台独"风险的主要面向

在绿营全面执政下,尤其是不少具有深绿意识形态的政治人物进入执政团队,"台独"势力在岛内的生存环境大为改善,特别是在获取政治、财力、人力以及媒体等资源方面的能力大为增强,"独派"的嚣张气焰有所升高,"独派"势力推动"台独"冒险活动的心理预期明显上升,其意愿也大为增加。

(一)"独派"会冲击蔡当局的"维持现状"政策

蔡英文上台后所宣称的"维持现状"政策,在台湾岛内也招致"独派"不满的声音。"独派"势力基于分离主义之意识形态,早已迫不及待,期待能够利用民进党重返执政之有利时机,在台湾社会全面推行"台独"分裂活动。故

"独派"对于蔡英文"维持现状"政策的取向存在很大的不满情绪。"独派"对蔡英文"维持现状"政策朝中间路线调整的顾虑始终存在,特别是蔡当局的人事侧重在重用"老蓝男",这让绿营内部和"独派"大佬相当不满。一方面,绿营内部特别是"独派"势力已经开始抢占"台独"市场。例如,民进党重要派系"游系"已改名为"正常国家促进会"(简称"正国会"),其目的就是要在绿营派系政治版图中扩展"独派"的市场份额。在派系积极抢夺执政资源与权力角逐的情势下,不但使其他派系不敢在两岸议题上有任何妥协,而且只会使其他派系的两岸立场越来越倒退,越来越趋"独"。另一方面,"独派"势力也纷纷操作议题来逼迫蔡英文当局在两岸议题上不敢过于冒进。2017年1月24日,岛内"台独"势力"台联党"和"时代力量"公开宣称将邀请"疆独"头目热比娅访台,以此"反制大陆"。"台独"分子在岛内操作这一议题时,蔡英文的民调支持率已跌至33%,政治支持回归到基本盘。到底是"急独"势力借机逼宫?还是大绿与小绿在配合演戏,① 无论如何,"独派"势力的这些动作不但会严重冲击到两岸关系,也会冲击到蔡当局的"维持现状"政策。

(二)"独派"有可能会在岛内掀起新的"台独"高潮

当前绿营在台湾全面执政,不仅主导台湾政治、经济、社会及文化教育各领域,而且还掌握媒体特别是新媒体以及智库机构等,具有很大的社会控制力、影响力与煽动力。"独派"势力必然不满于目前绿营取得执政权之优势,还会继续在岛内掀起新的一波波"台独"分裂活动之浪潮,企图加速台湾社会的全面绿化,不断挑战大陆的底线。事实上,"独派"一直认为,未来"台独"的成功与否,关键还不在法理,不在国际关系,而在于教育,在于建构扭曲的台湾史观。希望透过对台湾民众的洗脑教育,虚幻对中华民族的认同,来增强台湾认同。正因为如此,具有深绿背景的台湾教育机构主管潘文忠在其正式上任的第一天,就下令废止"课纲微调"。② 此外,"独派"势力为了误导台湾民众对历史的认知,甚至不惜抛出一些荒诞不经的言论。例如,"时代力量"的林昶佐在台湾立法机构质询时的无知发言,竟然对二战时期中国政府空军对台北进行空袭一事表示不满,并要求进行道歉等荒谬言论出现。而蔡英文上任后所提名的几位新任"大法官",不但色彩偏"独",而且在立法机构对其资格的审查中,

---

① 《"急独派"制造议题 蔡英文"异常低调"台当局暧昧回应"疆独头目入台"》,《环球时报》,2017年1月25日,第16版。

② 《教长潘文忠:近日废止微调课纲》,台湾《中国时报》,2016年5月21日。

角色认知也相当混乱，①竟然毫不隐瞒他们对"中华民国宪法"的鄙视，以及个人的"台独"立场。未来这些人有可能打着体制反体制，甚至不排除未来透过"释宪"等动作来推动"法理台独"的可能性。

当前"独派"势力利用煽动两岸之间的敌意来巩固基本盘，并采取了往"台独"方向切香肠之策略，例如，绿营撤销对"太阳花学运"人士公诉；废止"课纲微调"；废止台湾"红十字会法"等动作，都显示出"独派"势力急不可待的心态。②

（三）"独派"对蓝营及统派势力进行政治清算

长期以来，由于国民党的历史背景以及成长经历，其在两岸关系上的基本论述还是强调海峡两岸之间有某种历史连接，特别是两岸有着历史、文化之特殊亲近性。因此，国民党的论述主体还是坚持"两岸一中"的史观逻辑，亦即国民党在两岸关系的基本立场是不主张"台独"。③国民党的这种史观当然会引发绿营特别是"独派"势力的极端不满。绿营为达到长期执政之目的，彻底击垮最大的反对党国民党，令其永不翻身失去执政的机会，最好的办法就是把国民党的历史正当性从根拔起，在扭曲、编造假史，误导民众的认知外，还有就是利用台湾少数民族、赋予各方面的社会正义与正当性来对待国民党。④这也是绿营重返执政后，绿营新当局迅速通过了所谓的"转型正义"以及"不当党产条例"等法案，其目的表面上是要对政治对手国民党进行政治总清算，使国民党尤法在短期内东山再起，从而有助于绿营的长期执政，其背后的核心意涵还在于使大陆在台湾的政治盟友，或者说支持两岸和平发展的政治势力受到削弱，从而削弱大陆对台湾政治和社会的影响力道。

二、绿营执政下"台独"活动的社会影响分析

在绿营全面执政的情势下，"台独"势力的分裂活动不断加剧，其对台湾社会的影响后果相当严重。

---

① 张麟征：《曲线"台独"：从制宪到释宪》，台湾《海峡评论》，2016年第11期，总第311期，第45—46页。

② 庞建国：《蔡英文解决不了问题》，《观察》，2016年第9期，第6页。

③ 《詹启贤：国民党基本立场不会主张"台独"》，中评社桃园电，2017年2月3日。

④ 朱骏：《蔡英文想以静默方式经营内造力量"去中脱中"》，台湾《观察》，2016年第9期，第14页。

（一）"台独"在台湾社会形塑"反中""恐中"的负面情绪和氛围

"台独"势力为了其分离主义意识形态之需求，利用目前绿营全面执政的政治、经济及社会等优势，刻意在台湾社会形塑"反中""恐中"的负面氛围，挑动台湾社会对大陆的敌意情绪，这当然不利于两岸关系和平发展和良性互动。独派势力为了掌握和垄断台湾岛内的政治话语权，不断形塑"台独"的"政治正确"，进而在岛内舆论场域中彻底将"两岸统一"等话语边缘化，使未来岛内不再有统"独"的话语之争，而是呈现谁比谁更"独"的"台独"话语市场。"独派"势力对"台独"的夸大渲染与刻意误导，其目的就是要使之成为台湾舆论场中的主流民意，从而成为鼓吹"台独"主张时所依据的民意基础。毕竟"独派"口中所谓的民意都是经过选择的"台独"民意，在"独派"刻意渲染的"反中"氛围之下，"台独"自然很容易成为"政治正确"。而用"政治正确"的"台独"民意来对抗"九二共识"，则自然是"独派"的如意算盘。

（二）"台独"在台湾社会刻意形塑"台独史观"

课纲与教科书历来都是政府意识形态宣传管道的重要组成部分。以台湾社会为例，自从李登辉推动"认识台湾"教科书以来，台湾的中学教育课纲与教科书变革已持续20余年。排斥中国的"两国论"思维在台湾社会之所以能够大行其道，已不只是李登辉、陈水扁推动"去中国化"教科书之后果，也是两蒋"反共"教科书一路沿袭下来而结成的恶果。"独派"势力无疑早已认识到在课纲及教科书等教育领域形塑"台独史观"的重要性。这也是绿营上台执政的首日就拿"课纲微调"动手的重要原因。[①] 由此可以预见，未来岛内"独派"势力将在课纲与教科书等议题上强化"台独史观"的形塑。两岸关系由过去八年的和平发展转入目前的冷对抗，各种新的矛盾与冲突亦将随之而起，历史认识与历史论述（以及衍生而来的认同问题）是新形势下诸多问题的冰山一角。而大陆要翻转"独派"势力所形塑的以"皇民化史观"为核心的"台独史观"，就需要重新理解台湾主流意识形成的原因、结构，以及分离主义的发展阶段。[②]

---

① 台湾当局教育主管部门负责人潘文忠公开称之所以要废除马英九执政时期的"教学大纲"，理由是原大纲内容对"中国"这一概念强调过度。具体内容详见台湾《产经新闻》，2016年5月22日的相关报道。

② 张方远：《蔡英文执政下课纲问题将何去何从？》，台湾《海峡评论》，2016年第8期，第61页。

（三）"台独"在台湾社会要全面"去两岸关系化"

当前，"独派"急于要使两岸关系降温，希望能够搁置两岸关系，对于两岸关系和平发展的政治基础"九二共识"及其背后的核心意涵"一中"原则采取拒绝接受的态度，其目的就是要在台湾社会让两岸关系议题完全冷却下来，让台湾民众对两岸关系议题不再敏感，也不再关注，从而彻底消除过去八年马英九执政时期两岸关系议题在台湾社会高度凸显、非常重要的痕迹。这也是绿营和"独派"势力在淡化两岸关系议题的同时，却大力推动台美、台日关系以及"新南向"等议题的重要原因所在。"台独"势力的动机自然非常清楚，就是希望在台湾社会营造这样的氛围，两岸关系虽然重要，但不是唯一重要的关系，台湾除了两岸关系之外，还有台日关系、台美关系，以及台湾与东南亚地区的关系。一句话，"独派"就是希望让两岸关系大幅降温，以减轻"独派"在岛内推动"台独"分裂活动的阻力。

（四）"台独"将刻意强化两岸民间社会的对抗

"台独"势力希望拉抬两岸民间的对抗气氛，使两岸民间社会热络往来的局面不再，从而阻止两岸民间社会的快速融合之进程。"独派"企图以所谓的民意对抗来阻止两岸未来走向统一。绿营重新执政后，两岸情势的快速变化，特别是大陆游客遭台籍司机刻意纵火烧车事件发生后，部分"台独"分子的幸灾乐祸与讥讽热嘲，以及蔡英文本人对台籍与陆客车祸遇难者的差别对待，其所呈现的强烈"仇中"意识，已在大陆发酵，激起大陆民间强烈的反弹意识，网络上更是对台湾当局一片挞伐之声。两岸民意对抗情绪之上升，对两岸关系而言当然不是什么好事。由于网络为民意的直接表达提供了更便捷、最直接的管道，两岸民意对抗透过网络更为容易。例如，"周之瑜事件"之后，出现了"帝吧出征 FB"事件，部分大陆网民集体上 Facebook 反对"台独"。两岸民意情绪对抗持续上升的后果，就是有可能会产生政治认识上的误区。而对于岛内"独派"势力而言，其最可能会产生的误区就是自认为台湾地区部分民意的意志可以与大陆进行全面对抗，从而有可能诱使"台独"势力在两岸议题上产生某种冒险心理。

第三节　未来"台独"势力的发展趋向

　　民进党重新执政后，台湾岛内"独派"势力的政治企图心无疑大为增强，其"台独"冒险的心态大为膨胀。毕竟"台独"势力至今仍然不愿意放弃分离主义的意识形态。一句话，在绿营执政条件下，"台独"势力不可能主动放弃分离主义的理念与行为，而是只会变本加厉。尽管如此，"台独"势力的发展前景并不取决于其意愿，而是取决于大陆反制"台独"的意愿与能力，以及台湾岛内政局发展及外部因素的多重影响。

　　首先，"台独"势力会持续强化分裂活动，甚至不排除由此引发两岸发生直接对抗与冲突的可能性。

　　由于"台独"势力至今未放弃分离主义的政治意识形态，"台独"势力未来也不可能放弃分裂活动。事实上，从民进党重新执政以来，岛内各种"台独"势力的动作可谓频频，并未有任何的停止。以"课纲微调"为例，在李登辉、陈水扁执政的近20年里，为了割裂两岸人民情感，美化日本殖民统治，将台湾中学的历史、地理、语言课纲，变成了分裂势力荼毒岛内莘莘学子的重要工具，其目的就是要去除"一中史观"，建立"台独史观"。为拨乱反正，台湾教育主管部门发布了高中"微调课纲"，其中包含将"中国"改回"中国大陆"等内容。但岛内"台独"势力却极力阻止新课纲的实施。在绿营重新执政之后，"独派"势力更是迫不及待"废止新课纲"。未来也不排除绿营当局将进一步大肆修改课纲的可能性。这无疑有可能会引发两岸关系新的紧张与冲突。而蔡英文上台后提名"台独"色彩浓厚的许宗力和许志雄等为"司法院长"和"大法官"人选。这两人都曾在陈水扁时期担任"大法官"和要职，而且也是主张"两国论"的顽固"台独"分子。特别是他们在接受台湾"立法机构"的质询时，公开为其"台独"主张进行辩护。[1]许宗力和许志雄等言论，是蔡英文上台后所重用的"台独"分子首度公开主张"两国论"，公开主张"法理台独"，其性质相当恶劣。未来不排除这些"独派"政治人物"透过司法解释来达到法理台独的企图"。[2]"大法官"本属法律性质的工作，并非政治性质的工作，自然不能

---

①《绿学者许志雄批两岸准两国　正名是民进党党纲》，香港中评网：www.crntt.com，2016年3月4日。

②《当许宗力说蔡英文有违宪之虞》，台湾《联合报》社论，2016年10月15日。

以自己的政治信仰来扭曲法律。① 然"独派"在"大法官"认知上的混乱当然是有意为而之,其内心深处的诱因就是分离主义心态始终在作祟。而"台独"势力的冒险行为必然会与大陆的统一诉求相冲突。因此,随着"台独"势力嚣张气焰日盛,未来不排除两岸爆发冲突的可能性。

其次,"台独"势力将会奉行"两条腿走路"的策略,即继续推动"去中国化"与争取国际参与有重大突破的结合。

"台独"势力在重新执政后,其"台独"动作的优先领域与方面,可能会重点强化岛内与国际两个面向。在台湾岛内,"独派"势力可能会继续推动并强化"去中国化"的动作;在国际层面,"独派"势力则可能会强化台湾参与国际社会的动作,亦即奉行两条腿同时走路之策略。

"独派"势力的"去中国化"策略,主要考虑还是针对台湾岛内而言,希望全面移除台湾社会、政治、经济、文化中的一切中国元素,去除台湾民众对有关中国图腾的迷思与崇拜,达到对中国概念的虚化,解构台湾社会意识中的中国认同,并在此基础上建构起所谓的台湾认同。例如,"独派立委"提案要废除"国父遗像"提案,称孙中山被视为"国父",本身就是国民党威权时期"党国体制"下的产物,彻底违背民主原则。② 尽管这项提案最终在蔡英文的喊停下未能实质推动,但明眼人都知道,"独派""去孙中山化"的核心目标还是要割断两岸的联结,只要和大陆有关系的,无论历史、人物、价值观都要去除,铺垫"台独"的土壤,当然完全是政治意图,更是绿营重新执政之后继续推动"去中国化"的真实表现。而在争取"国际"参与方面,"独派"势力更是表现得不遗余力。蔡英文上任不过百日,"台独"分子又重新操弄"加入联合国"议题。2016 年 9 月,台湾"独派"团体"联合国协进会"大张旗鼓组团赴美,宣达台湾地区要加入联合国的意愿,并与美国政界、社会及学界支持台湾的人物进行互动。同时,台湾"联合国协进会"还鼓动台湾当局以台湾地区名义、新会员身份申请加入联合国,并致信时任联合国秘书长的潘基文转达"台湾民意"。尽管"独派"的这些活动看似一场闹剧,但"台独"势力推动参与国际组织的嚣张气焰并不会自动停止。例如,虽然"独派"寄给潘基文的信件被退回,而且完全没有拆开,但该团体仍然表示,即便联合国连收都不愿意,还是会发动更

---

① 张麟征:《曲线"台独":从制宪到释宪》,台湾《海峡评论》,2016 年第 11 期,第 46 页。
② 《高志鹏愿废除国父遗像》,台湾《自由时报》,2016 年 2 月 21 日。

多人写信给潘基文表达台湾要"入联"。① 由此可见，未来"独派"势力在台湾国际参与方面将会动作频频，不断给两岸关系制造更多的麻烦与困扰。

再次，"台独"势力内部会出现一些新的分化组合，"渐近式台独"将占据主导地位，"激进式台独"将愈来愈边缘化。

面对两岸关系的变化，特别是两岸实力的悬殊与大陆反对"台独"的坚强意志，岛内"台独"势力内部也会有一些新的分化组合，不少绿营政治人物觉得"台独"已不具现实性，但只是现阶段两岸统一的条件还不成熟，因此，"独派"仍然会期待外部局势的变迁，在推动"台独"的策略上显得更为务实与迂回。在这种情势下，"渐进式台独"无疑越来越占据主导地位。而所谓的"渐进式台独"，其大意就是指"法理台独"让位于"文化台独"，毕竟"法理台独"的危险太大，有可能会招致大陆的严厉打击，而依附于文化层、教育层、社会层的"台独"活动则是潜移默化，也不会招致大陆立即或疾风暴雨的打击。当然，无论是哪一种"台独"势力，实现"台独"当然是其重要目标，但现实的困境却也不容忽视，这是当前台湾"独派"所面临的最大的挑战。大陆完全无法容忍和接受"台独"，岛内"台独"势力对此心知肚明。这也是民进党重新执政后，绿营当局一直主张"维持现状"的最重要原因所在。尽管"维持现状"政策并不代表绿营接受"九二共识"及"一中"原则，也不表示绿营已经放弃了"台独"分离主义的意识形态，但至少说明绿营特别是"独派"势力面对两岸关系新情势，已经认知到没有能力和意愿去主动挑衅大陆，客观上对"法理台独"的坚持意愿大为降低。这也是客观事实。"台独"已注定是一条死路。未来台湾无论是谁执政都将不得不接受这样的政治现实。即便是最顽固的"台独"势力上台也不得不收敛其对"台独"的热情。当然这并不代表"独派"势力会自动放弃"台独"的迷梦，他们仍然会利用各种机会来寻求突破。但有一点可以肯定的是，当"独派"内部主流意见趋向"稳健型台独"路线，而非"冲撞型台独"路线时，则两岸之间至少可以暂时避免立即爆发冲突之危机。

当然，这里必须要指出的是，"渐进式台独"路线对两岸关系的危害也不可轻视。事实上，绿营过去所推动的"渐进式台独"路线，其效应还是非常明显。例如，在当前绿营执政的南部县市，一些民众早已将墓碑上的唐山祖地之名除去，"台独"史观的教育，已使台湾社会不少人拼命将自己的中国文化脐带切

---

① 《连看都不看！台湾入联信遭联合国原件退回》，自由时报网 www.ltn.com.tw，2016 年 9 月 30 日。

断。这是值得警惕之处。

最后,蔡英文当局"维持现状"政策的走向将在一定程度上影响到岛内"台独"势力的动向,这将是一个可供观察之角度。

绿营2016年重新执政之后,蔡英文当局基于两岸情势,以及台湾所面临的政治、经济之困境,宣称执行"维持现状"的两岸政策。毋庸置疑,蔡英文声称的"维持现状"政策带有强烈的工具性和目标性两种意涵。它是以台湾内部事务之视角来考虑的一种工具,属于实现政经分离的策略,其在两岸关系上的具体目标就是所谓的"不屈服",但也不对抗,以维持两岸之间的和平现状。从这个角度来看,蔡之维持现状实质就是维持"以拖利独"的现状罢了。[①] 正是由于蔡英文"维持现状"政策并未公开表态接受包括一个中国内涵在内的"九二共识"等两岸共识,海峡两岸之间的互信基础受到了很大的损坏,两岸互动也完全陷入僵局。尽管当前两岸关系发展陷入困境,但两岸关系尚未走向全面的对抗与冲突,主要原因就在绿营执政当局现阶段两岸政策之基调还在"维持现状"之范畴,亦即绿营当局还未公开挑衅两岸关系的底线,这是当前两岸关系与陈水扁执政后期两岸关系的区别之所在。或者说蔡英文当局基于维持执政稳定之需求,也释放一定的口头善意或政策善意,亦即蔡当局尚未显示出要推动"法理台独"之迹象。换言之,蔡当局现阶段尚有意愿与能力约束与抑制"台独"势力的冒险冲动。因此,目前两岸关系的温度虽然很冷,但至少还维持着一定程度的稳定状态。然而台湾内部的政治生态瞬息万变,如果未来蔡英文当局无法"维持现状",或者说蔡当局迫于"独派"压力而放弃"维持现状"政策,甚至全面倒向独派阵营,则不但会使两岸关系发生重大的变量,而且将更加刺激"独派"势力在两岸议题上的冒险心理和冲撞行为。因此,蔡英文当局对维持现状政策的执行力度,以及抗拒来自"独派"势力反弹的力道如何,都将在一定程度上影响到"独派"势力未来的动向,可谓动见观瞻。

在当前两岸关系结构性矛盾短期内不易得到真正化解,以及外部势力介入持续存在的情势下,"台独"势力在台湾社会存在的社会基础就无法完全得到根本性消除。在此特殊情势下,"独派"势力在未来相当长的时期内,都将在岛内政治生态中持续存在,并对两岸关系和平发展产生重大的牵制与破坏性作用。但从辩证唯物主义的观点来看待台独问题,其两面性特征非常突出。尽管"台

---

① 杨开煌:《520后大陆对台政策之评估》,台湾《海峡评论》,2016年第11期,第26页。

独"现象在短期内无法剔除，但随着大陆的不断崛起，以及两岸政治、经济、军事力量的对比变化，"台独"对两岸关系的破坏力正朝越来越式微的方向发展，[①] 这也是我们观察"台独"发展趋向的一个基本面向。

---

① 陈先才:《民进党重返执政后"台独"势力最新发展态势分析》,《台湾研究》,2017 年第 3 期，第 13—22 页。

第四章　美国打"台湾牌"及其风险

第一节　美国长期打"台湾牌"

长期以来，美国一直将台湾视为阻止中国强大的一张牌来打。台湾问题之所以拖延至今无法彻底解决，从根本来讲，就是因为有美国因素的存在。在未来可预期的将来，美国仍然会继续打"台湾牌"，不可能主动放弃。

一、中美建交之前

美国本身就是台湾问题的始作俑者。1949 年正当中国人民解放军打算渡海，解放台湾时，美国方面积极为台湾蒋介石方面提供军事支持，特别是在 1950 年，美国更是宣布以军事力量介入台湾海峡，阻止我人民解放军进军台湾。美国凭借第二次世界大战后其强大的军事力量，强力阻挠两岸的统一，使台湾问题长期得不到解决。

此后，随着美苏冷战格局的形成，美国更是将台湾地区纳入其东亚防御社会主义阵营的重要一环。1954 年美国便与台湾当局签订了所谓的"共同防御条约"，将台湾地区纳入美国的军事保护之下，并积极对台湾进行军事援助，以阻止大陆对台的军事攻击。

在国际及外交场合，美国也是长期封锁大陆，支持台湾当局长期霸占联合国席位。即便到了 1971 年，中华人民共和国在亚非拉国家的大力支持下，进入联合国之后，美国仍然维持与台湾的"邦交"关系，一直到 1979 年。由此可见，美国是一直拿台湾来作为对抗中国的重要筹码。

二、中美建交之后

1979 年中美建交后，虽然美国方面与台湾采取了"断交、废约、撤军"等动作，但美国并未完全放弃台湾，而是通过了所谓的《与台湾关系法》，来维护与台湾方面的一定联系，特别是美国方面始终未放弃对台军售之动作，仍然将台湾视为一张制约中国发展的牌来打。

（一）美国立法机构通过法律来强化与台湾的关系

中美建交后，美国国会于1979年通过了"与台湾关系法"来作为加强与台湾保持非官方政治关系的法律依据。这个法案有提醒中国重视美国在台安全利益。在国会讨论时，参众两院分别提出修正案，加进了所谓保证台湾安全的条款以及"向台湾提供防御性武器"和"维护并促进全体台湾人民的人权"等条款，并且实质上"继续把台湾当作一个国家"。因此，在一些重大问题上直接违反了中美建交公报。同年4月28日，中国外交部照会美国，正式表明中国政府反对"美台法案"的原则立场，希望美国政府切实遵守建交协议的原则，不做任何损害两国关系之事。这之后，美国《与台湾关系法》开始实施，中美关系因为这个法案，在之后的40年中频频出现风波。

《与台湾关系法》是美国以所谓的国内法为由，强行介入台湾问题之中，严重损害到中国人民的根本利益。长期以来美国依据所谓的《与台湾关系法》开展对台军售，其本身就是这种冷战思维与强权思维的典型表现，也完全违背了中美之间三个联合公报之精神。近年来，美国出台的一系列友台法案或动作，大多都是以遵守《与台湾关系法》为由头来推动与实施，如美国共和党将"六项保证"首次纳入其党章之中，都公然叫嚷是以"与台湾关系法"为依据。由此可见，《与台湾关系法》是祸害中美关系及两岸关系的罪魁祸首。这一法律一日不除，中美关系就难有宁日。

（二）美国长期对台军售

中美建交后，美台关系继续发展的主要表现就是持续开展对台军售，以此来作为介入台湾海峡的重要手段。从中美建交四十年的历程来看，过去四十年虽然是中美两国发展关系的四十年，但也是美国持续对台开展军售的四十年。大体上年年都有对台军售的动作，也让军售议题成为影响中美关系的重要隐患。

表2 美国对台军售列表 [1]

序号	宣布日期	武器名称	数量	价值（美元）	备注
1	1979年7月	F-5E战斗机	48架	2.4亿	
2	1979年11月	AGM-65B 小牛导弹	500枚	2500万	1980—1982年11月交付
3	1980年1月	1013枚BGM-71拖式导弹附49具发射器、5套改良型鹰式导弹、284枚MIM-72C槲树导弹		2.8亿	
4	1980年7月	M110A2自走炮	50辆	3700万	
5	1981年	阳字号驱逐舰	2艘		商售，云阳、正阳舰
6	1982年4月	F／TF-104G战斗机	66架	3100万	阿里山8号
7	1982年6月	M-113A2装甲车、90辆M-106自走迫炮车、72辆M-125自走迫炮车、31辆M-577指挥车	267辆	9700万	1984—1986年交付
8	1982年8月	F-5E/F战机，30架F型、30架E型	66	6.22亿	商售，虎安六号计划
9	1982年11月	战车、包括零部件及附属设备		9700万	
10	1983年	RIM-7M麻雀导弹	500枚		商售，天兵防空系统
11	1983年	CH-47直升机	3		商售，1985年交机
12	1983年	阳字号驱逐舰	2		商售，邵阳、资阳舰
13	1983年	M110A2自走炮	10		

---

[1] 来源于：https://zh.wikipedia.org/wiki/%E7%BE%8E%E5%9B%BD%E5%AF%B9%E5%8F%B0%E5%86%9B%E5%94%AE%E5%88%97%E8%A1%A8

序号	宣布日期	武器名称	数量	价值（美元）	备注
14	1983 年	M88A1 装甲救济车	33	5400 万	1985—1986 年交付
15	1983 年	SM-1MR 防空导弹	170 枚		1986—1992 年交付
16	1983 年	RIM-92C／MIM-72F 榭树导弹、榭树导弹车	504 枚导弹 24 辆导弹车		1984—1985 年交付
17	1984 年 6 月	C-130H 运输机	12 架	3.25 亿	
18	1984 年	AN/TPS-77 雷达（GE-592）	2 具	3600 万	1988 年交付
19	1984 年	S-70C-1 直升机	14 架		1985—1986 年交机
20	1984 年	T-34C 教练机	42 架		1984—1986 年交机
21	1985 年 2 月	F-5、F-100、T-33、T-28 教练机雷达及零件		8600 万	
22	1985 年 6 月	MIM-72F 榭树导弹、榭树导弹车	262 枚导弹 16 辆导弹车	9400 万	1986—1987 年交付
23	1986 年 8 月	S-2T 反潜机升级承包案、2 部 AN/TPQ-37 反炮兵雷达、派里级巡防舰		2.6 亿	
24	1989 年	W-160 射控雷达	8		1989—1992 年交付
25	1989 年	MK-15Block 1 方阵快炮	7	1500 万	1989—1992 年交付
26	1990 年	C-130HE	1		天干机
27	1990 年	M-109A2 自走炮	72		1991 年交付
28	1990 年 8 月	F-5、F-104 零件、C-130 运输机		1.08 亿	
29	1991 年 9 月	M60A3 主力战车	110 辆	1.19 亿	

序号	宣布日期	武器名称	数量	价值（美元）	备注
30	1992 年	C-130 运输机	8 架	2.2 亿	
31	1992 年 7 月	诺克斯级护卫舰（租借）	3 艘	2.3 亿	1993 年 7 月交付
32	1992 年 8 月	标准一型导弹	207 枚	1.26 亿	
33	1992 年 9 月	F-16 A/B 型战斗机	150 架	60 亿	1997 年 4 月交付首批
34	1993 年 1 月	爱国者导弹及相关装备	3 套发射组 200 枚导弹	10 亿	1996 年 8 月开始交付
35	1993 年 3 月	E-2T 空中预警机	4 架	9 亿	1995 年 9 月开始交付
36	1993 年 6 月	飞机零件，雷达和导航设备		1.56 亿	
37	1993 年 11 月	Mk 46 mod.5 反潜鱼雷及相关组件	150 枚	5400 万	
38	1993 年 12 月 1 日	MK-41 垂直发射系统	1 组	1.03 亿	
39	1994 年 2 月	诺克斯级巡防舰（租借）	3 艘	2.3 亿	1995 年 7 月交付
40	1994 年 5 月 9 日	T-38 教练机（租借）	40 架		子鹰计划
41	1994 年 8 月 1 日	AN/ALQ-184 电子干扰荚舱	80 具	1.5 亿	
42	1994 年 8 月 1 日	M60A3 战车	160 辆	910 万	
43	1994 年 9 月	永阳级远洋扫雷舰	4 艘		1995 年 2 月交付
44	1994 年 10 月	新港级战车登陆舰（租借）	2 艘	470 万	1995 年 2 月交付
45	1996 年 5 月 24 日	M60A3 主力战车、30 具备份引擎、315 具 AN/PVS-7B 夜视镜、M240 机枪等	300 辆	2.23 亿	同时为军售与商售合约

序号	宣布日期	武器名称	数量	价值（美元）	备注
46	1996 年 5 月	榭树导弹车	8 辆导弹车 148 枚导弹	250 万	商售
47	1996 年 8 月	复仇者防空导弹系统及相关配件	1299 枚导弹 74 具导弹塔 96 辆悍马车	4.2 亿	
48	1996 年 9 月	Mk 46 mod.5 反潜鱼雷	110 枚	6900 万	
49	1997 年 2 月 24 日	AGM-84 鱼叉反舰导弹	54 枚	9500 万	
50	1997 年 7 月 24 日	AH-1W 超级眼镜蛇与相关支持	21 架	4.79 亿	2000 年 6 月开始交付
51	1997 年 5 月 23 日	拖式二 A 反战车导弹、M1045A2 悍马反甲导弹车	1,786 枚导弹 114 具发射器 100 辆导弹车	8000 万	
52	1997 年 5 月	诺克斯级护卫舰	2 艘		
53	1997 年 9 月 3 日	OH-58D 战搜直升机、T700 发动机、地狱火导弹发射架等支援配件	13 架	1.72 亿	
54	1998 年 2 月 18 日	S-70C-6 运输直升机	4 架	7000 万	商售
55	1998 年 8 月 27 日	Mk 46 型 mod.5(A)S 反潜鱼雷	131 枚	6900 万	
56	1998 年 8 月 27 日	刺针 DMS 防空导弹、VRC-91 无线电	61 套发射器 728 枚导弹 132 具无线电	1.8 亿	
57	1998 年 9 月 15 日	AGM-84 鱼叉反舰导弹与训练弹	58 枚实弹 8 枚训练弹	1.01 亿	
58	1998 年 10 月	F-16 飞行训练及辅助设备、导航者神射手导航及瞄准吊舱	28 组荚舱	4.4 亿	

序号	宣布日期	武器名称	数量	价值（美元）	备注
59	1999 年 4 月	早期雷达预警防御系统		8 亿	
60	1999 年 5 月	240 枚 AGM-114K 反战车导弹、AN/VRC-92E 无线电、SINCARS 型无线电系统、情报电子战系统、高机动性多用途轮车和相关零辅件		8700 万	
61	1999 年 7 月	E-2T 空中预警机、F-16 A/B 型 战斗机、运输机零件		5.5 亿	2003 年开始交付
62	1999 年 9 月 22 日	安克拉治级船坞登陆舰	1 艘		热舰移交，2000 年 6 月成军
63	2000 年 3 月 2 日	改良型鹰式导弹与相关零附件，对空雷达及管制系统升级工程（安宇计划）	162 枚导弹	2.02 亿	
64	2000 年 6 月 7 日	LANTIRN 导航／精准武器标定莢舱、AN/ALQ-184(V)7 电战莢舱	39 组导航 48 具干扰	3.56 亿	
65	2000 年 9 月 27 日	AIM-120 C-5 型中程空空导弹、鱼叉反舰导弹、155 毫米自走炮与相关支持设备	200 枚空空导弹 71 枚反舰导弹 145 辆自走炮	13.08 亿	自走炮未采购 AIM-120 在 2003 年移交
66	2004 年 4 月	铺路爪长程预警雷达及相关设备	2 套	17.76 亿	最终采购 1 套
67	2004 年 5 月	基隆级驱逐舰、标准二型导弹 148 枚、鱼叉导弹及相关设备	4 艘	7.247 亿	2005 年起移交并服役

序号	宣布日期	武器名称	数量	价值（美元）	备注
68	2005 年	AIM-9M10 枚、AIM-7M5 枚、F-16 飞行员于美国训练及后勤支持费用	15 枚	2.8 亿	
69	2007 年 3 月	AIM-120C-7 先进中程空空导弹 218 枚、AGM-65G 小牛导弹	453 枚	4.21 亿	
70	2007 年 9 月 13 日	P-3C 巡逻机、标准二型导弹增购	12 架 P-3C	22.3 亿	
71	2007 年 11 月 13 日	爱国者 PAC-2+ 升级套件		9.39 亿	
72	2008 年 10 月 3 日	4 套爱国者导弹发射组、330 枚爱国者 PAC-3 型导弹、E-2T 预警机升级、AH-64E 阿帕契直升机 30 架、UGM-84L 鱼叉第二代导弹 32 枚等武器装备		64.45 亿	2013 年 11 月交付
73	2010 年 1 月	2 套爱国者 PAC-3 发射组、UH-60 黑鹰直升机 60 架、鹗级猎雷舰 2 艘、鱼叉遥测训练导弹 12 枚等武器装备		63.94 亿	2014 年 12 月交付
74	2011 年 9 月 21 日	F-16 A/B 型战机升级 F-16V 型及武器配备	146 套	58.52 亿	

序号	宣布日期	武器名称	数量	价值（美元）	备注
75	2015 年 12 月 16 日	派里级巡防舰、方阵快炮、先进战术数据链路系统、猎雷舰战系（商售）、AAV7 两栖突击车、人携刺针导弹 250 枚、拖式 2B 型导弹 769 枚、标枪导弹及迅安系统后续支持等项	2 艘派里级 36 辆 AAV-7	18.31 亿	2017 年 3 月交付
76	2017 年 6 月 29 日	HARM 反辐射导弹 50 枚、联合距外武器（JSOW）空地导弹 56 枚、MK48 鱼雷 46 枚、标准二型（SM-2）导弹 16 枚备份集段及技术支持、MK54 轻型鱼雷转换套件 168 枚、四艘纪德级驱逐舰 AN / SLQ-32（Ⅴ）3 电战系统性能提升、SRP 侦搜雷达后续维持、MK41 垂直发射系统（商售）、其他项目的后续维修、人员训练等项		14.2 亿	
77	2017 年 7 月	MK48 重型鱼雷		14.2 亿美元	
78	2018 年 6 月	军事用车		8360 万美元	
79	2018 年 9 月	军机航空设备及指挥车		3.3 亿美元	

（本表系作者根据有关资料整理）

自中美恢复邦交关系至今已逾40年，而美国对台军售也持续了40年，从美台军售的内容及其金额来观察，近年来，随着中国综合实力的提升，美国加大了对台军售的力度，这表明美国以台制中的战略越来越清晰，越来越明显。

第二节　特朗普打"台湾牌"的频率升高

近年来，随着中国综合实力的快速增强，美国方面非但没有放弃或减少对台湾问题的介入，反而是不断强化与台湾的互动，特别是特朗普上台以来，美国方面利用民进党重新执政的机会，加大了打"台湾牌"的力度，包括美国国会通过的"台湾旅行法"等，美国加强与台湾地区军事关系的提升，都是美国继续玩弄台湾牌的重要动作。

一、偏离"一个中国政策"

美国特朗普上任后，基于提升美国在中美贸易战中的筹码，美国方面提升了"打台湾牌"的诱因和意愿，尤其是特朗普政府的一系列做法明显有背离美国政府长期所坚持的"一个中国政策"，从而也引发了中美两国关系的对抗。事实上，特朗普上任以来，其在偏离"一个中国政策"方面的言行并不少见，如：

2016年12月2日，台湾地区领导人蔡英文与特朗普通话。这是一个非常严重的事件，是1979年中美两国建交以来的头一遭；二是特朗普在其个人推特中主张将台湾问题与中美关系中的经贸问题挂钩甚至做交易。

2016年12月11日，特朗普宣称："我充分理解'一个中国政策'，可除非我们与中国在包括贸易等其他方面达成协议，否则我不知道我们为什么非要被'一个中国政策'束缚住"。不仅如此，特朗普还主张把台湾问题与人民币汇率、朝核问题、南海问题等挂钩或"打包"，增加与中国政府讨价还价的筹码。特朗普对华政策的重点在谋求美国经贸利益，不是台湾问题和"一个中国政策"，后者是特朗普用来谈判和交易的"商品"。特朗普政府将敏感而重大的台湾问题视为其对外关系中筹码之倾向，当然不是一件好事。

2018年初继美国联邦众议院及参议院分别通过"台湾旅行法案"，美国特朗普总统于3月16日正式签署生效。该法鼓励美国政府增进台美双边官方交流层级，进一步提升台美关系。

2018 年 6 月美国政府正式通知美国国会总值约 14.2 亿美元之对台军售案，持续提升对台军事关系。

美国的这些做法与其承诺的一中政策当然有一定的出入，事实上也偏离了一个中国政策的轨道，这对于中美关系是相当大的冲击。

二、台美高层往来更为频繁

特朗普上任以来，台美高层的互动与往来较之前更为频繁。之所以出现这样的局面，除了民进党蔡英文当局全面倒向美国，试图实施倚美抗陆的战略，更与中美战略角逐不断加剧的大背景下，美国试图强化"以台制华"战略，来逼迫中国对美让步。在这种情势下，民进党重新执政后，台美高层互动更为频繁和升级。美国政界人士频繁造访台湾，试图用行动来展现对台湾当局的支持。而民进党也试图通过提升美台互动的层级，来展现其在处理台美关系上的突破。例如：

2017 年 1 月 20 日，在特朗普就任美国第 45 任总统的就职典礼活动中，台湾地区前行政部门负责人游锡堃率队出席。

2017 年 5 月 22 日，美国共和党全国委员会共同主席裴杜奇率团访台。

2016 年 6 月 5 日，美国联邦参议院军事委员会主席马侃率领联邦参议员团访台。

2017 年 8 月 6 日，美国前总统切尼访台。

2017 年 8 月 25 日，美国前亚太助卿罗素、美国联邦众议院军事委员会"海权暨战力投射小组"主席魏特曼众议员及联邦众议院军事委员会"战备小组"民主党首席议员博达悠访台。

2018 年 3 月 22 日，美国商务部主管制造业副助理部长史宜恩、美国国务院亚太副助卿黄之瀚等人访台。

2018 年 6 月 10 日，美国国务院主管教育文化助卿罗伊斯主席、美国联邦众议院国会台湾联线共同主席哈博等访台，并出席"美国在台协会台北办事处"的新馆落成典礼。

2018 年 7 月 23 日，美国前国防部长卡特访台。

2018 年 8 月 23 日，美国白宫发布声明，对于萨尔瓦多与中国建交一事表达关切，并称将持续反对中国破坏台海稳定及政治干预西半球事务的作为。之前，美国务院及美国在台协会也分别发布声明，对萨国外交转向的做法表示极度失望，强调美国将依据"台湾关系法"继续支持台湾。

2018年12月3日美国商务部主管全球市场的代理助理部长史宣恩访问台湾。这是他今年第二次访台，在今年3月曾以美国商务部主管制造业副助理部长身份来台。

2019年1月6日，美国参议员贾德纳宣称，将尽快在新一届国会上再度提出"台北法案"，"协助台湾拓展国际空间"。报道还称，在中国举行《告台湾同胞书》40周年纪念会后，美国参议员甘迺迪(John Kennedy, R-LA)、众议员迪马里(Mario Diaz-Balart, R-FL)等跨党派议员均公开力挺台湾。

三、台军事安全关系有所发展

特朗普上任以来，台美军事合作提速，如特朗普政府对台军售武器的等级有所提升，美台军事交流升级。诸如，美方邀请台湾军方参与2018年美国海军"反潜猎杀操演"、观摩美军"黑镖反无人机演习"等。2017年8月后，美台先后进行"蒙特利会谈""美台国防工业会议""美台国防检讨会谈"等军事交流。

同时，双方军事官员互访层级提高。如美国前国防部长裴利等人都曾赴台访问交流。此外，美台还在非传统安全领域合作持续深化。美方甚至要求台方在南海问题上配合美国的政策步调以提升美、日、台三方的政策协调能力。

四、美国国会通过一系列"友台法案"

当前，美台关系的突破，最为主要的进展体现在美国国会亲台势力的集结与增强。突出表现在美国国会近期加强了对台湾的支持力度，通过了一系列的亲台法案。如：

2018年12月4日美国参众两院表决通过，内容包括重申美国基于"台湾关系法"及"六项保证"对台湾的安全承诺，并请特朗普总统定期对台军售，并依据"台湾旅行法"鼓励美国资深官员访台，以及肯定美国与台湾等区域伙伴交往的价值。

2018年9月4日，美国联邦参议院外交委员会亚太小组主席贾德纳领衔提出"2018年国际保护及强化台湾邦交国倡议法案"，即所谓的"台北法案"，促请美国行政部门采取更积极行动助台湾巩固邦交。

2018 年 7 月继美国国会通过《2019 会计年度国防授权法案》后，特朗普总统继于 8 月 13 日正式签署生效。该法案有多项支持强化台美自我防御战备能力、以及提升台美国防安全合作交流的文字。

2018 年 1 月 10 日，美国众议院通过"与台湾交往法案"，要求美国政府解除美台高层官员互访的限制。2 月 28 日，美国参议院正式通过该法，并于 3 月 5 日送交特朗普签署。特朗普不顾中方多次强烈反对，于 3 月 16 日该法案自动生效前，正式签署该法案。需要指出的是，该法案是 1979 年中美关系正常化以来美国第一次正式通过单一立法形式要求开展美台官方往来的法案，将严重冲击中美关系的政治基础。

2017 年 7 月，美国国会众议院通过《2018 年财政年度国防授权法案》，要求美国国防部长在 2018 年 9 月 1 日前提交评估美国海军军舰停靠台湾港口的可能性报告，以及美国在夏威夷、关岛或者其他适当地点接受台湾军舰进港要求的可能性，并将里根政府时期的美方对台"六项保证"写入其中。

五、台美经贸关系有所升温

长期以来，台美经贸关系往来密切。2012 年台湾地区成为美国第九大贸易伙伴，超过印度、意大利和巴西。当年双方贸易金额超过 460 亿美元。台湾有 11% 的出口目的地是美国。2017 年，美国是台湾地区第二大贸易伙伴、第三大进口伙伴、第三大出口伙伴。双方贸易总额为 682 亿美元之多。台湾也成为美国第十一大货品贸易伙伴。

尽管民进党重返新政后，美台经贸关系由于美猪、美牛议题等无解，而让美台贸易谈判卡关，特别是自台湾地区被美国列入 16 个对美贸易逆差对象后，蔡英文当局"驻美代表处"就主动向美国商务部提交报告，说明台美贸易逆差的成因。为了迎合特朗普提出的"美国优先""公平贸易"诉求，蔡当局还加大对美采购，如 2017 年 9 月，台湾"农委会"副主委黄金城带团赴美签署总额约 30 亿美元的农产品采购意向书。蔡英文还指派前经济部门负责人何美玥带团赴美参加"选择美国"投资高峰论坛，推动台商投资美国。过去一段时间，蔡英文当局拟通过解禁美猪进口台湾以提升台美投资与贸易框架协议（TIFA）。这些都说明，在特朗普上任以来，台湾方面企图透过台美经贸关系的联系与加强，来争取美台实质关系的提升。

第三节　美国频打"台湾牌"的风险

民进党重新执政后，美国基于对中国大陆施压之战略，美国打"台湾牌"的意愿越来越高，可能性也越来越大。事实上，因美国打"台湾牌"而导致的风险正在增长之中。但问题在于，就像美国以"平衡贸易"为借口发动"贸易战"一样，美国此番强势祭出"台湾牌"，是否真的掌握了"让美国再次强大"的钥匙？更严重的问题是，人们不会忘记1995年美国批准李登辉访美以后中国政府和人民的愤怒，如果那时相对实力不济的中国都敢于奋力一搏、对美国干涉中国内政"说不"的话，今天一个日益强大的中国会坐视美国毫无顾忌地为所欲为吗？

早在1300多年以前，中国唐代名臣魏徵曾对唐太宗谏言："求木之长者，必固其根本，欲流之远者，必浚其泉源。思国之安者，必积其德义。"大国兴衰固然有谋略的作用，但归根到底要行大道、固根本。然而，面对世界格局的深刻变革，当今美国为政者不把主要精力放在革故鼎新、练好内功上，反而处处迁怒于人，毁弃自己亲手参与制定和推动的国际准则，单方面发起"贸易战"；甚至背信弃义，再次强势祭出"台湾牌"，公然挑战中国核心利益，这看起来更像游戏结束前的一场豪赌，这是极其短视也是极其危险的，结果必然是既害人、更害己。

换言之，当前美国打"台湾牌"，其风险主要有以下：

1. 有可能使台湾当局误判形势

美国打台湾牌有可能令台湾当局误判形势。美国猛打"台湾牌"，违背中美三个公报精神，松动一个中国政策，极易令台当局误判形势，进而完全倒向美国，积极充当美战略棋子，充当美"以台遏华"的打手。

近期在美炮制"台湾旅行法"问题上，台当局表现得尤为突出，早在美众议院通过"台湾旅行法"时，蔡英文当天就迫不及待连发数条推特，高调向美表示感谢，并向美方交心，宣称将始终坚持台湾"主体性"，坚持"国家主权"，就算面临外在环境很大困难，依然坚持到底，绝不在压力底下屈服。"台湾旅行法"生效后，台当局更是感谢涕零，蔡英文急忙发推特表忠心、感谢。台还明显加强了与大陆对抗，特别是针对大陆通过的31条件措施，台湾方面表示了反制的立场。而台湾当局行政部门领导人赖清德再度发表"台独"言论，叫嚣自己的确是"台独"工作者，本就主张台湾是"主权独立国家"，宣称根本没有"九二共识"。可见，台当局是铁了心"倚美抗陆""倚美谋独"，有了美国做靠山，加之为巩固执政地位需要，不排除未来其误判形势，搞出什么"台独"的大动作，加剧台海紧张局势。

2. 刺激"台独"势力的嚣张和冒险心理

美国近期大打"台湾牌"，令岛内深绿势力兴奋不已。他们把"台湾旅行法"通过生效，视为是美国和台湾"断交"以来，继"与台湾关系法"后政治意义最高的一项法案，是台美关系的"重大突破"，是美台关系史上"重大里程碑"，狂妄宣称："很高兴看到臭名昭著的三公报被不断送入历史垃圾堆。"的确，美近期大打"台湾牌"给岛内深绿势力传递了严重的错误信号，使他们误以为美国已经"承认台湾是一个国家"，似乎美台关系已经翻开新的一页，马上就可建立正式"邦交"关系了，期待着"蔡特会"，憧憬着"台湾加入联合国"。而有美国的撑腰、作后盾，他们就可放心大胆地推动"台独"，大陆拿他们没办法。

在"台湾旅行法"的刺激下，由民视前董事长郭倍宏发起的"喜乐岛联盟"，不仅诉求"独立公投、正名入联"，还计划发动 10 万人一起督促蔡英文当局与立法机构修正"公投法"，并将推动 2019 年举行"独立公投"。李登辉、陈水扁、吕秀莲、黄国昌等"台独"重量级人士均表支持。一旦当局放任"独立公投"，由于门槛已大幅降低，过关的可能性极大，这无疑是正式宣告台湾"独立"，其对台海局势的冲击巨大。

3. 加剧台海区域局势紧张

美国为防堵中国崛起"挑战""威胁"美国世界霸主地位，同时逼迫中国在经贸上对美做出重大让步，大打"台湾牌"，"以台遏华"，对中国进行牵制、打压。先是国会通过"国防授权法案"，同意美国军舰定期停靠台湾高雄港或其他适当港口，并允许美太平洋总部接受台方提出的军舰进港要求；美众议院通过协助台湾地区在世界卫生组织（WHO）取得观察员身份的法案；美政府决定向台提供 14.2 亿美元军售，甚至有意向台出售 F-35 先进战机等等，力挺台湾，鼓励台湾充当美抗衡大陆的棋子、打手。特别是 3 月 16 日，美炮制的"台湾旅行法"（又译"与台湾交往法"）生效，美打"台湾牌"达到了新一轮高潮。美国如此做法，很不恰当，更是极具危险性。特别是美打"台湾牌"容易过头。特朗普新政府上台后，为遏制中国崛起及施压中国在经贸上对美做出重大让步，台在美全球战略中的分量明显加重，美国明显加大打"台湾牌"力度。然而，

"台湾牌"也不是那么好打，容易过头、失控，对中美间冲击甚大，不仅影响台海稳定，也会波及亚太安全甚至是整个世界的稳定。

可见，美打"台湾牌"，可能迫使大陆不得不对台动武，导致台海爆发战争，拖美下水，进而影响美全球战略部署，对美而言，可谓得不偿失。所以，奉劝美国打"台湾牌"要谨慎，最好别没事找事。

第五章　大陆为何反对"台独"？

任何一个国家或民族都有其特殊的历史传统与文化传承。中国从奴隶社会、封建社会，以及进入社会主义社会，上下绵延数千年之久，始终没有形成类似欧洲或其他地区所出现的好几个民族国家之局面。其原因就在中国这个国家，中华民族这个民族，有其独特的国家特性和民族文化传统，特别是在中国这块古老大地上所形成的"大一统"观念，才是真正的精髓之所在。而"台独"主张完全站在大一统思想的对立面，自然不得人心，也不可能得逞。

第一节　中华民族"大一统"思想根深蒂固

"大一统"思想早在春秋时期就被诸子们大力提倡并不遗余力地广为宣传。虽然早期大一统思想更多的是强调在思想层面的控制，但这种大一统思想也自然渗透在国家治理层面上来。至此之后，中华民族，中华儿女，思想精英都在不断丰富与发展"大一统"思想。

《汉书·王吉传》："《春秋》所以大一统者，六合同风，九州共贯也。""大"，重视、尊重；"一统"，指天下诸侯皆统系于周天子。后世因此称封建王朝统治全国为"大一统"。"大一统"不同于单纯就地域统一作为理念，更多的是指在国家政治上的整齐划一，经济制度和思想文化上的高度集中。该思想在中国封建历史上发挥了极其重要的作用，更从政治、军事、经济起到地缘互补的巨大优势效应。

例如，四大名著之一的《三国演义》第一句话就说"天下大势，合久必分，分久必合"。"合"始终是中国历史的落脚点和最后归宿。华夏神州面积辽阔，民族之多，人口之众，却不像欧洲那样四分五裂，反而历史上大家总盼望统一，这当然与中华民族长期所遵循以及形成的历史文化传统有很大的关系。

春秋时期的孔子在大一统思想的发展中起到了非常重要的作用。他向列国推崇的就是"普天之下，莫非王土"的政治大一统思想，积极劝说有能力的诸侯国将领土和政权进行统一，认为这样有利于社会安定。

秦朝是中国历史上第一个大一统朝代。这一朝代不仅实现了"包举宇内、并吞八荒"的版图统一，同时也实现了"罢黜百家，独尊儒术"的思想统一，虽然统治阶级将大一统思想作为对老百姓进行思想扼制和政治独裁的工具，但它也确实对后面历代历朝追求领土统一起到了很大的引领作用。尤其是秦始皇的"车同轨，书同文"之政策，对于推动当时中国社会经济发展起到了历史性的积极意义。可以说，中国自秦朝以来，正是在这种大一统观念的牵引下，历代王朝虽然战乱不断，但政治人物都希望推动统一。特别是元明清以来，甚至民国以来，中华民族概念已经形成，统一观念更为形成。

近四千年的古代中国，虽然是天下大势，合久必分，分久必合，但是天下"定于一"的大一统却始终是历史发展的主旋律，是中华各民族共同的政治思想和道德观、价值观。可以说，中国自王朝国家至民族国家形成的近四千年历史中，大致有四个"大统一"的时期。如夏商周（公元前2070至公元前771年），秦汉（公元前221年至220年），隋唐（公元589年至907年），元明清（公元1279年至1840年）。统一时间近2700年，占三分之二略强。中国历史上也有三个大分裂的时期，即春秋战国（公元前770年至公元前221年）；三国东晋和十六国、南北朝（公元220年至公元589年）；五代十国、北宋与辽、南宋与金（公元907至1279年）。分裂时间超过1200年，只占三分之一略弱。可以说，古代中国国家统一是主流，是常态，分裂为支流，非常态。一部中华文明史，就是一部国家统一史。事实上，大分裂时期也是在酝酿和准备大统一的历史时期。

表3　中国历史上三个大分裂时期

	历史时期	历史影响
第一次	春秋战国时期	自春秋五霸的弭兵到战国七雄的合纵连横，在诸侯尊王攘夷的兼并战争中，中国的疆域不断拓展，各诸侯国分土而治的封邑制度也逐步走向分民而治的郡县制过渡。各国内部的小统一率先实现，为秦的大统一奠定了基础。思想家提出了"大一统"的思想。孔子的春秋之原则就是大一统。

	历史时期	历史影响
第二次	三国至南北朝时期	南方的农业社会和北方的牧民社会都有割据政权存在，并征战不休。但大分裂酝酿大统一，自三国至南北朝的四百年，南北分裂的各方无不以中原的统一为战略目标而进行征讨。为了其大一统的合法性，无论是南方还是北方都溯祖"三皇五帝"，言其授命于天，以中华正统自称。南北朝时期的多元小统一，成为隋唐至元大统一的前奏。
第三次	五代十国割据和北宋与辽对峙时期	从此开始，传统农业区的汉族政权对北方的游牧民族政权的征战都没有成功。不得不采取守势，也无力再圆汉唐的疆域，重铸大一统的辉煌。最终造成中国历史上元明清的第四个真正的大统一时期。在汉民族丧失了开疆辟土的锐气后，天下定于一统的重任就落到成吉思汗和努尔哈赤等少数民族领袖身上。

　　中国古代的大一统是在封建社会的末世清朝时期走向巅峰的。一次次统一又一次次分裂，一次次分裂又一次次统一，近四千年的分分合合所积淀的自小至大，自弱至强的向心力，凝聚力终于将长期四分五裂的中华大地整合为一个统一体。以1683年至1684年清朝收复台湾并设立台湾府为收官之作，古代中国的疆域版图最终成局。也为后面近代中国之中华民国，当代中华人民共和国的领土范围奠定了关键性的基础，因为我们今天的疆域版图就是清朝自17世纪中叶至19世纪中叶最终奠定的。换言之，在中国近四千年的文明史，其实就是一部国家统一史，国家统一是始终是常态，是主旋律和不可逆的大趋势。

　　古代中国数千年，为何能够保持单一民族国家之形态，而与欧洲等地区分裂数个或数十个民族国家完全不同，其原因主要有以下：

　　1. 政治文化传统

　　古代中国的文明之槛是禅让制的公天下嬗变为世袭制的家天下。自夏周至元明清，王朝国家的大一统的主人无论是汉族还是少数民族也好，其基本的政治制度都是君主专权制和中央集权制。尤其是自秦朝至清的近两千年中，一次次分裂又一次次统一。自小统一至大统一，以自然经济和宗法社会为基础的封建主义的君主专权制和中央集权制度改土归流制。显性的或隐性的割据离心力被逐步消失。中央政府的影响力与控制力不断整合版图扩展。夏商周的"溥天之下，莫非王土；率土之滨，莫非王臣"的政治理想演变为秦汉，隋唐，元明清大一统的政治现实。

2. 民族文化因素

自王朝国家至民族国家的四千年中，是一部以华夏—汉民族和华夏—汉文化为正统而化四夷为中国的国家统一史。古代中华民族和而不同的中华文化格局中的凝聚力和核心地位，为其先进生产力的代表和先进文化的代表的绝对优势所奠定，分分合合也好。改朝换代也好，儒家的大一统观念始终是中华各民族趋同的主体文化和主流意识形态，都以正统自居，这也消除了分裂割据势力的离心力。

中国国家统一观主要是道统，不是血统。古代中国的大一统是以华夏—汉民族为凝聚力和核心的中华各民族的"和为贵"理念。古代中国大一统的标准模式是武力统一，而不是和平统一。秦征岭南，汉攻西域，清收台湾，古代中国的大一统，武力都是普遍性，非常态的和平统一的常态是大军压境下的城下之盟。

3. 汉字载体因素

尽管中国地域辽阔，民族众多，有好几十个民族，方言也彼此不同，但由于汉族人口占总人口的 90% 以上，文字上统一使用汉字，汉字方块字成为各民族共同使用的文字，这是凝聚中华民族大一统思想的重要载体。

第二节　台湾问题是中国的核心国家利益

任何国家都有其国家利益之存在。美国著名的政治学者汉斯·摩根索对国家利益曾有这样的经典定义："在历史维度上，国家利益的内涵包含了两方面的内容，一是相对永恒的因素，如国家的生存或安全，此旨在维护国家物质、政治与文化身份之存在，反对其他国家的侵略，这一要素构成国家利益的内核。另一方面则是依环境改变而因素，包括一切在逻辑上与国家利益相匹配的内容，隶属于国家生存或安全这一内核，这一部分内容取决于制定对外政策时所处的政治和文化环境"。[①] 换言之，生存与安全是任何一个国家的根本利益，即所谓的核心国家利益。它是一个民族国家在国际社会中生存与发展的基础，更是一个国家制定对外政策和战略的根本出发点与最终归宿。

国家利益是一个历史概念，随着历史条件的变化、时代大背景的转换，其

---

① ［美］汉斯·摩根索：《国家间政治：权力斗争与和平》（第七版），北京：北京大学出版社，第 11 页。

内涵和重心也会有所调整。我国的国家利益是包含了国家政治利益、国家经济利益以及国家文化利益等为一体的整体利益。因此，维护国家利益就是要维护国家的整体利益。习近平多次强调，绝不能损害中国的正当权益，绝不牺牲国家的核心利益。当前，中国的国家核心利益主要有以下几个方面：国家主权、国家安全、领土完整、国家统一、中国宪法确立的国家政治制度和社会大局稳定、经济社会可持续发展的基本保障等等。

国家主权则是国家核心利益中的最重要一部分，是指一个国家依据自己的意志处理一切内部和对外事务的权利，这是国家的本质属性和独立的根本标志。中国的和平发展不能以牺牲国家的核心利益为代价，因此，当涉及国家独立、主权和领土完整以及发展利益等原则性问题时，我国政府和人民都不会屈服于任何外来压力。

维护国家的主权、统一和领土完整和安全是当代中国国家利益观中的生死攸关的利益，因为它主要是指国家的安全利益。国家安全利益是国家的最高利益，没有国家安全利益的保障，就没有国家安宁稳定的生存环境。反观近代历史，自19世纪中叶以来的一百多年里，中国不断地遭受到帝国主义的侵略，一步步地沦为半殖民地半封建社会，这就是中华人民共和国成立后，我国政府和人民对国家主权、主权完整且一直把维护国家核心利益作为国家外交的重要基石的根源。历史经验深刻地告诫我们，国家核心利益是在国家宪法的基础上确定的国家最基本同时也是最重要的利益，维护国家核心利益是中国和平发展的基本保障，中国走和平发展道路，营造良好的国际环境，能更好地实现国家的核心利益，同时促进人类的和平与进步事业做出重大的贡献。

因为台湾问题事关中国的主权和领土完整，所以必然是中国的利益核心所在。台湾问题是一个历史遗留问题，但是"两岸长期存在的政治分歧问题终归要逐步解决，总不能将这些问题一代一代传下去"。① 解决台湾问题，实现祖国的完全统一，这是不可阻挡的历史进程，也是我国政治利益的根本所在。

在国家主权、统一、领土完整和安全这一国家安全利益的问题上，我党历代领导集体从不含糊，高度重视，从而形成了我国国家安全观，使之成为当代中国国家利益观的重要内容。毛泽东说："中国必须独立，中国必须解放，中国的事件必须要由中国人民自己做主张，自己来处理，不容许任何帝国主义国家

---

① 《两岸政治分歧不能一代代传下去》，新华社，2013年10月6日电。

再有一丝一毫的干涉。"[①]"我国人民不需要也不应当侵占外国任何领土主权,但是我国人民必须保卫自己的领土主权不受侵犯。"[②] 毛泽东的这些论述以及他在台湾问题上的坚决立场,无不说明以毛泽东为核心的党的领导集体对国家利益的正确认知。改革开放后,邓小平表示,中国要维护自己国家的利益主权和领土完整,"关于主权问题,中国在这个问题上没有回旋的余地。坦率地讲,主权问题不是一个可以讨论的问题。"[③] 在国家主权和领土完整的问题上,邓小平高瞻远瞩,创造性地提出了"一国两制"的构想,为实现港澳回归,也为台湾问题的解决提供了思路。在实现国家利益方面,习近平表示,"我们希望和平,但任何时候任何情况下,都决不放弃维护国家正当权益、决不牺牲国家核心利益",这句话深刻阐发了中国和平发展的原则和底线。

对于中国人民及其领导层而言,之所以重视国家安全特别是主权及领土完整等国家核心利益,是与近代以来,特别是鸦片战争以来,中国遭到西方列强的侵略,而且长达一百多年的屈辱历史有关。而台湾问题至今无法解决,本身就与这一段中华民族遭受列强侵略的历史分不开。事实上,大陆自1949年以后一直尝试想解决台湾问题,做出了很多努力。诸如从"武力解放台湾"到"和平解放台湾",再到"一国两制"等战略的演进,甚至两岸和平发展、两岸融合发展等理念的提出,其实都是在为实现国家最终统一而进行布局谋篇。但从目前现实来看,两岸实现统一的最大的阻力仍然是美国的介入。

1949年后,美国长期支持蒋介石,阻止中华人民共和国恢复在联合国的合法席次,将我排斥在国际社会之外。尽管在1971年恢复中华人民共和国在联合国的席次后,美国仍然不愿意立即与我方建立邦交关系,一直拖到1979年才与我方正式建交。中美建交后,美国并不甘心撤出台湾,仍然不愿意放弃对台湾的介入,通过了所谓的《与台湾关系法》等,以此来加强与台湾的经济文化的联系,甚至在军事上不顾我方的反对,持续对台军售。随着两岸差距的不断扩大,美国又通过所谓的"台湾旅行法",企图以此来提升美台人员高层人士的往来。这些动作说明美国至今仍然不愿意放弃台湾。换言之,美国方面不愿意放弃介入两岸,阻止两岸走向统一的意图非常明显。

由于台湾问题是我方的国家核心利益,我方不可能在这一问题上有任何的

① 《毛泽东选集》(第4卷),北京:人民出版社,1995年版,第254页。

② 《建国以来毛泽东文稿》(第7册),北京:中央文献出版社,1992年版,第359页。

③ 《邓小平文选》(第3卷),北京:人民出版社,1993年版,第12页。

退让，也没有办法可以退让。而"台独"势力企图配合外部势力，让台湾从中国领土上分裂出去，当然会招致大陆的坚决反对，也不可能得逞。

第三节 在中华民族伟大复兴进程中实现国家统一

没有国家统一，就没有中华民族的伟大复兴。民族复兴如果没有实现国家的统一，当然是一个不完美的状况，也不是真正的中华民族伟大复兴。

中国是世界四大文明古国之一，中国文化源远流长，5000年文明一直连绵不断。在人类文明的历史长河中，中华文明曾经长期居于世界文明之前列，并对世界其他民族产生了很大的积极影响。但是到了近代，中华民族却遭遇到空前的危机，尤其是鸦片战争之后，中华民族逐渐坠入苦难的深渊，受尽了列强的蹂躏和侮辱，中国的政治、经济、文化传统结构逐步崩坏，面临着全面的危机。一是领土和主权完整不断遭到破坏。清朝在与西方列强和日本的战争中屡战屡败，败后即割地赔款，中国不但面临着被帝国主义列强瓜分的危机，而且巨额的赔款也使清朝经济面临崩溃，人民不堪重负，清政府逐渐堕落成帝国主义的工具，中国也日渐沦为半殖民地半封建社会。其次，中国传统文化受到毁灭性的打击。鸦片战争之后，与西方列强的坚船利炮相伴而来的还有西方的文化思想。

鸦片战争之后的列强一系列入侵在给中华民族带来深重危机的同时，也为中华民族的觉醒和复兴开辟了道路。特别是在列强的屡次入侵下，中国人民的民族意识逐渐觉醒，包括国家民族观念发生了很大的变化，民族主义开始萌芽和形成，并开启了中国为实现复兴而进行的各项政治、经济、文化运动，即探索中国现代化道路的运动。中国探索现代化运动发轫于清末的洋务运动，这一阶段对西方的学习是在排外、非外的心态和思想情绪支配下被迫进行的，属于一种消极的防卫性现代化探索。随着维新运动的失败，革新之士认识到中国的必然要做根本的改造。这时西方思想开始大量传入中国，引起了中国思想界的大变化，诸如社会进化论等输入中国。它为中国革新人士提供了新的指导思想，激进的革命派提出了种族革命的理论，最终引发了推翻封建帝制的辛亥革命。

从19世纪下半叶到20世纪初叶，即从洋务运动到辛亥革命失败，大约半个世纪，这是中华民族伟大复兴的启动和初步探索时期。

在民族复兴的理论武器选择上，经历了太平天国的传统农民革命理念、孔教理论和三民主义理论的实验。特别是资产阶级革命派继维新运动之后发动了声势浩大的革命运动，推翻了封建帝制，建立了中华民国。但是，资产阶级革命派并没有提出彻底的革命纲领，没有形成坚强有力的政党，最终导致革命归于失败。这种局限性，根源于中国民族资产阶级的软弱性和妥协性。其提出的方案并没有能够救中国，也不能引导中国完成复兴。

在经历了 19 世纪下半叶到 20 世纪初叶的初步探索之后，中国人民终于做出了正确的抉择。社会主义道路是中国实现现代化、推进中华民族伟大复兴的唯一正确道路。1949 年中华人民共和国的成立结束了近代以来由于列强侵占、军阀割据和战乱频发而造成的支离破碎的局面。中华人民共和国的成立，标志着中华民族开始了在社会主义道路上实现伟大复兴的历史进程。尽管过去遭遇了"大跃进""人民公社化""文化大革命"等"左倾"错误，使中华民族伟大复兴事业一度遭遇到严重的挫折。但从 1978 年开始，中国共产党人在经过 40 多年的艰辛探索，并在前面总结社会主义建设经验教训的基础上，逐渐找到了一条符合中国国情的有中国特色的社会主义道路，开辟了社会主义建设的新阶段。中国现代化建设进入了一个快速发展的历史时期。

中华民族伟大复兴一词首先出现在 1997 年江泽民在美国哈佛大学的演讲中。他表示，归根到底就是为了一个目标：实现中华民族的伟大复兴，争取对人类做出更大的贡献。[①] 此后，这一词汇就不断出现在党的文献和领导人的讲话中，成为引导中国人民努力奋斗的一面旗帜。其中中华民族伟大复兴的表述方式经历了从中国崛起、中国和平崛起、到中国和平发展的变迁。

中华民族伟大复兴的性质当然是和平发展，是要实现中华民族和全世界的共同繁荣。走和平发展道路是中华民族继承中华文化的优秀传统、根据时代发展潮流和中国根本利益做出的战略抉择，是中国发展的内在需求。同时，和平发展也是顺应世界潮流的要求。不同制度、不同类型、不同发展阶段的国家相互依存，形成共融的局面。当然，中国的和平发展和民族复兴也会对中国人民和世界人民具有重要的意义。

中华民族对伟大复兴中国梦的追求始于近代，起因于落后，目标是富强，本质上是为了保证和实现中华民族最大的整体利益。从历史脉络来看，"洋务运动"的"自强梦"，"太平天国"的"均富梦"，"维新"人士的"改良梦"，辛亥

---

① 《十五大以来重要文献选编》上，北京：人民出版社，2000 年版，第 74 页。

革命的"民国梦"，以及改革开放的富裕梦，都是近代以来"中国梦"不可或缺的重要内容。"中国梦"是中华民族理想信念的长期坚守。党的十八大后，习近平提出"中国梦"的目标，就是在现有水平继续推进现代化。具体来说，就是实现两个一百年目标，实现全面建成小康社会、建成富强民主文明和谐的社会主义现代化国家，实现中华民族伟大复兴等。

中华民族的伟大复兴当然离不开台湾同胞的积极参与。中华民族伟大复兴与实现海峡两岸的完全统一是有机联系在一起的。台湾同胞是中华民族不可或缺的重要组成部分，如果离开了台湾同胞的共同参与，如果两岸无法实现完全的统一，中华民族伟大复兴是要打折扣的，是不完整的，也不可能是真正的伟大复兴。

因此，在中华民族伟大复兴进程中，必然要积极调动和提升广大台湾同胞参与其中，提升他们的参与热情，同时，努力促进两岸的最终完全统一也是中华民族伟大复兴进程的重要一环。在这种情势下，中华民族伟大复兴的中国梦是与"台独"分裂势力的"台独梦"是格格不入的，任何企图把台湾从中国领土上分离出去的挑衅都不可能成功。正如习近平同志在纪念《告台湾同胞书》发表四十年的讲话中所指出的，在中华民族走向伟大复兴的进程中，台湾同胞定然不会缺席……台湾问题因民族弱乱而产生，必将随着民族复兴而终结！

第六章 "台独"风险的表现形式

随着民进党在台湾岛内重新执政，海峡两岸对抗程度不断增强，以及外部势力的介入，"台独"势力冒险的心态有可能滋长，从而使"台独"风险爆发的可能性大为提升。就现阶段两岸关系及台湾岛内政治生态而言，"台独"风险的表现形式相当繁杂。

第一节 台湾内部引发的风险

内因决定外因，当前引发"台独"风险的主要隐患还在于台湾内部政治情势之发展变化。关于民进党上台后是否会引发"台独"风险的问题，目前学术界及民间讨论的声音虽然不少，但绝大多数的看法还是较为一致，普遍认为爆发"台独"风险的可能性相对较高。尤其是随着蔡英文当局的大陆政策取向由"维持现状"转向提升两岸对抗之后，台海局势的复杂性日趋严峻，不排除民进党及"台独"势力引爆"台独"风险的可能性。

一、台湾当局推动"法理台独"可能引发的风险

尽管蔡英文上台后，公开宣称其两岸政策为"维持现状"，但毕竟民进党本身尚未放弃"台独党纲"，也未公开宣示接受一个中国之原则，这就为未来引爆台海危机及两岸风险提供了某种现实可能性。尤其是民进党重新执政后，利用其在立法机构的人数优势，推动对"公投法"的修改，并大幅降低"公投"门槛，这无疑为未来可能的"公投独立"等"台独"分裂活动提供了现实操作的空间。

2017年12月12日，台湾地区立法机构三读通过"公民投票法"，将过去的"双二一门槛"改为简单多数决，包含"公投"年龄下调至18岁；"公投"通过门槛降为同意票达投票权人总额1/4即可；"公投"提案门槛由千分之五降

为万分之一、联署门槛由 5% 降为 1.5%；而 "公投审议委员会" 也确定废除，主管机关改为 "中选会" 等。这次 "公投法" 修正重点，在投票案提案人人数门槛，从最近一次领导人选举人总数千分之五降至万分之一。联署人数应达提案时，由最近一次台湾地区正副领导人选举中选举人总数的 5% 降至 1.5%。

这个 "修法" 确实是一个比较大的修改，以 "公投" 门槛为例，修改后 "公投" 提案仅需要最近一次台湾地区领导人选举总人数的万分之一、成案门槛由 5% 下修到 1.5%，通过门槛则是有效同意票达投票权总人数的 1/4。同意票多于不同意票即为通过。

如果以 2016 年台湾 "大选" 人数 1878 万 2991 为例，未来 1879 人就可提案发动 "公投"、28 万 1745 人联署成案，469 万 5768 人出门投票，同意票并多于不同意票即算通过。

为什么说 "公投法" 修改有可能引发台海风险呢？主要是由民进党这个政党本身的属性所决定的：

一则，民进党始终不愿意放弃 "台独党纲"，坚持分离主义的政治路线。而 "公投法" 大幅降低门槛后，客观上就为民进党未来通过 "公投" 推动 "法理台独" 提供了方便之门，即便民进党现阶段不打算推动，但也无法断定未来的某个时期没有这种可能性。换言之，虽然蔡英文一再强调会维持现状，但蔡当局又不愿意回到一个中国原则的两岸共识之上，这就为未来两岸风险的发生预留了空间。这是一个严重的隐患。

二则，从民进党的过去所作所为来观察，民进党上一次执政是在陈水扁时期，当时民进党执政当局一直试图通过 "公投" 来推动 "法理台独"，其猖獗程度至今历历在目。民进党政治人物将 "公投" 视为选举操作的有效工具，在 2004 年以及 2008 年的选举中不顾岛内及国际社会的普遍反对，运用政治权力强行推动 "公投"，甚至在 2008 年发动了 "以台湾名义加入联合国" 的 "公投" 活动，严重冲击台海形势，制造两岸的紧张对立。尽管过去陈水扁八年执政时期未有成功，其原因并非民进党不想去做，而事实上是做了，之所以未有成功，关键是由于当时民进党处于 "朝小野大" 的政治现实所限制，特别是民进党在台湾立法机构中的人数不过半所致。而这次修改后，不但 "公投法" 门槛大幅下调，而且民进党掌握立法及行政之优势，其未来推动 "公投台独" 的可能性自然无法排除。

三则，从民进党现在执政集团内部的一些政治人物来观察，如赖清德等人，基于政治权力之精算逻辑，将岛内政治斗争拿来作为自己争夺权力进行布局的工具，特别是赖清德坐上台湾行政机构主管位置之后，不顾及两岸关系的敏感度，三番五次拿敏感的"台独"议题说事，刺激两岸神经，其"台独"嚣张气焰不可谓不盛，未来如果这种政治人物主导台湾政局，其推动"台独"冒险的可能性相当大，自然会引发两岸关系的巨大危机和风险。

换言之，只要民进党不去除"台独"分离主义意识形态，不回到接受"一中"原则的政治共识，民进党在"公投"门槛大幅下修的情形下，完全存在推动"法理台独"的现实可能性。

二、台湾当局推动的"渐进台独"所引发的风险

如果就当前客观形势而论，蔡英文当局现阶段直接搞"法理台独"的可能性并不大，也就是说未来爆发"台独"危机的可能性还是较低。虽然台湾地区"公投法"的门槛大为降低，但从蔡当局处理降低"公投法"门槛的过程来观察，蔡当局还是不想刺激大陆，也未把领土变更等涉两岸敏感议题的事项纳入其中。同时，从蔡执政几年来的表现来观察，民进党当局总体上还是想利用"台独"来谋取政治权力和位置，"台独"并不是其首要的目标，只是其利用的工具。而现实客观条件也不允许其搞"台独"，在两岸实力悬殊的背景下，蔡当局搞"法理台独"的冲动被大大压制。因此，目前两岸之间还是稳定的局面，由"台独"而引发的重大危机与风险还是较低。尽管如此，即便"法理台独"的风险较低，但民进党和绿营推动的"渐进台独"，其危害性也不容忽视，也会引发两岸的风险和对抗。

表 4 "公报法"修正提案比较

"公投法"修正提案比较	民进党版本	"时代力量"版本
全台性公民投票适用事项	1. "法律"之复决 2. 立法原则之创制 3. "重大政策"之创制或复决	1. "法律"之复决 2. "立法原则"之创制 3. 重大政策之创制或复决 4. "宪法修正案"之制定 5. "领土变更案"之复决 6. "新宪法"之制定

从绿营内部来看，代表"急独"势力的"时代力量"在其"公投法"修正

提案版本中,将"领土变更案"以及'制定新宪法'等都纳入,这两项是涉及统"独"的重大事项,也是非常敏感之事项,而在民进党的版本中,则完全没有这三项,最终通过的版本也排除了"领土"变更、制定"新宪法"等提案。这说明执政的蔡英文当局对于"法理台独",还是不敢公然挑衅两岸关系的底线。

但要看到,岛内少数极端"台独"势力仍然没有放弃"台独"迷梦,虽然无法公开推动"法理台独",但有可能会采取暗渡陈仓的方式来搞"渐进台独",其引发的台海危机与两岸风险仍然不可忽视。其"形式主权"有以下方面:

(一)"司法判决"所引发的"台独"风险

在涉及两岸的婚姻及财产纠纷中,用民事判决或"大法官释宪"在台湾社会形塑"两岸两国"的司法案例,它虽然是一种间接"偷渡",但其后果不容低估。也可能会引发两岸对抗的风险。

(二)"大法官释宪"所引发的"台独"风险

尽管台湾地区"大法官"通过"释宪"实现"法理台独"的可能性较低,但是,也不能排除"大法官"突破以往解释限制的可能性。有关"法律"的每一次解释、每一个裁决、每一个"法律"行动,都是逻辑、价值与权力的混合。故而,"大法官"可能通过"释宪"实现"法理台独"。譬如,现行"大法官"黄昭元就认为,如果能在"宪法"层次上解释出"我国领土只及于台湾地区""两岸已经是两个不同国家""现在的'中华民国'和一九四九年前的'中华民国'在法律上也不是同一个国家"这些结论就够了。经过七次"修宪"后的增修条文确立了高要求的"修宪"启动机制,"释宪"成为"独派"寻求法理"台独"的重要手段。台湾地区"大法官"推动"释宪台独"的可能形式,包含"人民身份"突破、"领土范围"突破两种主要形式。

1.人民身份突破

限缩"中华民国"人民的范围,表现为将大陆人民解释为"外国人",或者将"中华民国人民"限定为"台湾地区人民"。一些"大法官"的意见书对大陆人民的身份进行了进一步的不同的界定。"大法官"对"宪政"发展的影响,不仅限于各解释案结果的效力,各个"大法官"做成的个别意见书,也蕴含对未来解释案可能的影响。台湾地区"大法官"的解释文中的意见需要通过"大法官"的多数决通过,个别"大法官"解释意见书虽然并不具有规范效力,但是待这种意见成为多数意见时,则会形成具有规范效力的解释。若是"大法官"

在解释文或解释理由中将大陆人民视为特殊的非"本国人"和非"外国人",则是"释宪台独"的潜在表现。目前,"大法官"解释意见书中存在以下三种关于大陆人民身份的意见:

第一种看法认为,"一个中国"下的"非外国人且非台湾地区人民"的大陆地区人民。该观点认为,"大陆地区人民非外国人且非台湾地区人民之特殊地位是由'宪法'基于固有疆域而制定",故在"宪法"与增修条文之架构下,"大陆地区人民虽与拥有其他国籍之外国人不同,然其亦非属得在法律下享受与台湾地区人民完全相同待遇与保障之国民"。在这一定位下,大陆人民的"宪法"上权利之保障,除有保护"国家安全"等必要而符合"宪法"第二十三条规定之情形外,不应低于"外国人"之保障。

第二种看法认为,"非本国人"且非外国人。代表性人物为陈春生,陈春生在"释字第710号解释"的协同意见书中表明,"大陆地区人民之法地位较为特殊,大陆地区人民依'宪法'增修条文既非外国人、又非本国人(不具'中华民国'国籍)、亦非无国籍人,故其自由权利的保障与限制,无法立即与'本国人'或'外国人'一概而论"。"大法官"在以往的解释文和解释理由书常常表明,大陆人民是"中华民国"的人民,并未否定大陆人民非属"本国人"。事实上认定"大陆人民是非外国人又非'本国人'"的说法与许宗力的"特殊国与国"关系的定位并无二致。

第三种看法认为,要模糊性的定位。"因定居而为户籍登记之大陆地区人民,为'中华民国国民'"。这一定义确立了大陆人民成为"中华民国国民"的标准是必须在台湾地区设立户籍。反而言之,未设有台湾地区户籍的大陆地区人民则非为"中华民国国民"。未来"大法官"极有可能通过解释确立大陆人民非属于"本国人"且不属于"外国人"的身份,在权利保障方面的解释倾向于建立与"外国人"一致的保护体制,甚至,在一些方面给予大陆人民更多的限制。

2."领土范围"突破

"领土范围"突破,即"大法官"通过直接或间接的方式,对"固有疆域"突破性解释,突破一个中国的底线。领土作为界定国家由主权而产生之统治权之范围,因此拥有排他的权利,显然台湾地区并不适应"领土"这一范畴。虽然"大法官"至今并未公然做出有悖于一个中国的解释文,但是在释字328号解释中,"大法官"回避了"固有疆域"具体范围的解释。"大法官"本应该通过原旨主义解释的方法阐释"固有疆域"的具体范围,维护一个中国的"宪法"底线,却使用政治问题不解释的理论回避了这一问题。虽然这使得"大法官"能够脱离于政治的纷争,却也是为"两岸一中"埋下了隐忧。即使"大法官"在释字第 328 号解释中,运用了"政治问题不解释"的原理回避了"固有疆域"范围的问题,依然不能排除"大法官"会通过"情势变更"和"台湾人民的公共利益"等理论限缩"领土范围"的可能性。即使释字第 329 号解释将这一回答的解释权交回"国民大会"手中,但是,不能排除"大法官"解释"领土范围"的可能性。

第一,"大法官"可能通过直接解释"领土范围",达到"释宪台独"的目的。这种直接解释突破的可能性较小,受到两岸政治形势的影响。但是,这种可能性并非不存在,以往的"大法官"在意见书存在这种倾向。

第二,"大法官"也可能论证"中华民国"等同于台湾。目前,"大法官"常常以"两岸分治"作为论证区别对待大陆人民权利的合法性基础。"两岸人民关系条例"第十条第一款规定,"大陆地区人民非经主管机关许可",不得进入台湾地区是在两岸分治之现况下,大陆地区人民"入境"台湾地区之自由受到限制。大陆为台湾地区治权所不及的地区。

(三)社团组织等推动"公投"所引发的"台独"风险

这些并非由台湾当局或民进党方面直接发动,但是由"独派"社会团体等激进组织来完成,这也会引发两岸之间的风险和对抗。"独"派势力利用台湾"公投法"的模糊空间,特别在一些模棱两可的议题上采取边缘手法来推动"公投",也有可能引发台海危机与两岸风险。如针对东京奥运会提出更名等"公投",也有可能会引发两岸的危机。

民进党在台湾地区重新执政后,通过"修法"等动作全面降低"公投法"的门槛,从而使台湾地区一时间"公投"泛滥。在 2018 年的"九合一"选举中,最终有 10 项"公投案"成案,并与县市长选举同时举行。

在这 10 项成案的"公投案"中,以"台湾为全名申请参加 2020 东京奥运公投案"是"台独"势力企图利用"公投"来推动台湾的"正名"运动,当然是"台独"的重大动作。尽管在过程中遭到了台湾社会内部、国际及大陆的反对,但"台独"势力仍然一意孤行,而执政的民进党当局也予以放水,让其成案。尽管最终被台湾民众所否决,但其负面意义特别是对两岸关系的冲击仍不可忽视。在 2018 年 11 月 24 日，当天共有 1140 万人投票，同意得票 476 万，占 45.2%，不同意得票 577 万，占 54.79%，"公投"结果否决提案。这说明"独派"势力操弄"东京奥运公投"并没有得到台湾民意的支持。

表5　2018年"九合一"选举 10 项"公投"结果

以"台湾"为全名申请参加 2020 年东京奥运？	否决	同意在"国民教育"各阶段内实施性别平等教育？	否决
同意婚姻规定应限定在一男一女的结合？	通过	同意逐年降低火力发电厂发电量？	通过
同意在"国民教育"阶段内不应对学生实施同志教育？	通过	同意确立停建扩建任何燃煤发电厂之政策？	通过
同意以"专法形式"保障同性二人共同生活权益？	通过	同意维持禁止 311 核灾地区农产品及食品进口？	通过
同意以"民法保障"同性二人建立婚姻关系？	否决	同意废除核电设备应于 2025 年全部停运条文？	通过

　　但不可忽视的是，尽管"台独"势力推动的"东京奥运公投"以失败收场，但这并不表示未来"台独"势力会收手，事实上，随着台湾地区 2020"大选"的临近，"独派"势力利用"公投"来操弄两岸关系的意愿有可能更为增加，包括以"喜乐岛联盟"为主体的"台独"势力早已宣称要在 2019 年进行"台独公投"，以及"独派"勾搭美国亲台势力所推动的蔡英文访美等动作，都是对两岸关系地严重挑衅，必然会极大地挑战和冲击两岸关系的稳定。

第二节　外部介入引发的风险

　　台湾问题之所以迟迟无法得到解决，其中一个重要原因就在于外部势力的介入，特别是美国因素的长期存在。外部因素介入台湾问题中，特别是对"台独"势力的暧昧甚至纵容、支持，都有可能会引发重大的"台独"风险。

一、台湾地区领导人访美所引发的重大危机与风险

　　在当前美国不断祭出"台湾牌"的情形下，不排除美国方面邀请台湾蔡英文访美的可能性，即便这种现实可能性较小，但也无法排除。特别是在美国国内政治圈，特别是国会反华气氛浓厚的情形下，有可能邀请蔡英文访美而试探

大陆底线。事实上，早在 20 多年前，美国方面就有这样的恶例。1995 年美国国会同意李登辉访美，从而引发 1995—1996 年的台海重大危机，差点引发两岸之间的直接军事冲突。试想，当前如果美国国会发出邀请，民进党政治人物接招的可能性非常之高。

事实上，随着"台湾旅行法"的出台，美国取消台美官员互动的限制，这本身就是一个缺口的出现。其未来引发重大危机的可能性客观存在。例如，中国领导人习近平在纪念《告台湾同胞书》发表 40 年的讲话中表示要继续推动"一国两制"，实现两岸完全统一之后，一名美国政府前官员就公开呼吁华盛顿应该公开邀请蔡英文访美，甚至让蔡英文对美国国会发表演说，以及与特朗普总统会面等。美国政治人物的这些鼓吹言论，对中美关系以及两岸关系关系而言，都是不负责任的表现。正如美国约翰霍普金斯大学访问教授卜道维所言，如果真的出现了美方邀请蔡英文访美的情形，无疑会引发中美两强的"巨大对抗"，因为台湾议题"会立即成为中美第一线大事，其位阶可能还将高于美中贸易战"，这对于台海局势将产生重大的冲击。

二、美台在军事防务领域的合作所引发的风险

2018 年第 16 届美台"国防"工业会议也首度移师台湾举办。美台"国防"工业会议是美台商会从 2002 年开始举办的年度会议，历来皆在美举行，旨在讨论双方军事合作、台湾对美军购需求等议题，台方历年都由防务部门高层率团出席，美国国防部及国务院官员也会应邀与会。据台湾媒体报道，台美未来"国防"工业会议未来拟采一年举行两次的方式办理。上半年在台湾举行，性质以厂商对厂商的技术交流层面为主，双方官员沟通交流为辅；下半年在美举行，则讨论台美国防工业政策面。在 2018 年的军事防备会议中，包括美国的洛克希德马丁、雷神及英国航天公司等知名国际大厂都来了台湾，并与台湾地区的"中科院"、汉翔、台船、"中信"、"中钢"、趋势科技等相关单位进行会谈及合作。

除了美台召开军事合作会议，而且美国也对台湾地区的"潜艇国造"项目提供很大的支持。目前美国国务院已经批准向台湾地区出售潜艇技术所需的销售许可证，以帮助其自制潜艇。这次批准出售的技术，包括了一般潜艇研发的关键领域，如声呐系统、潜望镜以及武装系统等等，而这些，正是台湾方面所缺乏的。由于这些技术非常敏感，目前台湾当局想从其他国家购买先进潜艇也是非常困难的一件事情，各国在对台湾地区出售武器上越来越慎重，而世界上

有能力建造潜艇的也就只有少数国家，原本与台湾地区有着密切军事贸易的国家，也都拒绝了向台湾提供相关技术。而深受台湾地区追捧的日本，也因为受到相关法律制约，无法向台湾直接出售武器技术，所以台湾只好把目光转向了美国。美国的潜艇技术不需多言，尽管现在不再生产常规潜艇，但技术还有，并且美国若是愿意帮助台湾建造常规潜艇，根本都不用拿出最先进的技术，随便动动差不多就可以提高台湾潜艇的综合作战能力。此次美国批准以商业出售的形式，向台湾出口潜艇关键零部件和子系统，严重违反了中美三个联合公报精神，将对台海局势造成冲击。

近些年来，美国对于中国台湾、南海等做出的一系列举动，足以看出美国将中国视为战略竞争对手，此次对台商售潜艇技术，帮台湾建造常规潜艇，其目的就是协助台湾增强防御力量，加强与中国大陆的对抗。不过，美国近期批准向台湾地区出售潜艇技术，并不是把整艘潜艇卖给台湾，这是有本质上的差别。所以，美国只是表示可以与台湾商谈有关潜艇的项目，至于台湾能不能把这些技术用上，自行建造成功潜艇，那就是另外一回事了。退一步说，就算台湾在美国的帮助下建造了几艘常规潜艇，那也没办法掌握地区"制海权"，毕竟其海域面积就是那么大，回旋余地都没有。因此，美国想着通过帮助台湾地区来遏制中国，不管怎么看都是不太现实。然不管如何，美台在军事上合作力度的加深，不管其真实效果如何，但都会为台海区域的和平与稳定带来严峻的挑战，其风险与危害不可低估。

三、美台在南海开展合作所引发的风险

美国前驻联合国大使波顿（John Bolton）日前投书给《华尔街日报》，建议美军进驻台湾，进而加强美国在东亚的军力。他声称，尤其是东沙群岛的据点更是监控解放军两栖训练部队基地的最佳地点，那也是解放军对台湾发动突袭最可能的地方。因此台湾军方有必要维持紧密和有效的监控，这对台湾的安全防卫极为重要，也是美国可以运用和依赖的能力。此外，美国智库及前官员也纷纷表示，美国应加强与台湾在军事领域的合作。例如，位于华盛顿智库一条街的"全球台湾研究中心"近期所举办的一次研讨会中，易思安就表达了对美国对台政策的不满。他批评美国过于轻视台湾，并称美台应该加强海洋事务合作，因为台湾有极大能力，可以"扮演巨大的角色"，可以在美国重返亚洲政策上发挥巨大作用。他甚至声称，美台应展开针对亚洲海洋安全等议题的双边对

话，并应解除美台高层官员和军方将领互访限制、加强联合军事演训、船舰互访、对台军售、情报互换、鼓励台湾在东沙和太平岛部署军力等方面的合作。

从当前美台关系的进展来观察，未来美台在南海开展合作的可能性自然无法排除，特别是美台军事协作方面，包括信息情报分享等实质合作，如果形势朝此局面发展，不但会使南海局势的发展更趋复杂，而且也可能大大提升两岸对抗的风险，加剧台海区域安全局势的动荡。

四、美方高官赴台可能引发的风险

美台"断交"、中美建交后的 1979 年以来，美国与台湾不得再保持官方关系，只能维持经济文化等领域的关系。但长期以来，美方派官员赴台，为尽量不刺激大陆，往往都会避开敏感的军事防务部门，多以不敏感的环保、教育、商务等部门之间的交流为主。

但近年来情况有所变化，随着美台关系的不断升温，特别是美国国会参众两院通过、经特朗普签署同意"台湾旅行法"案后，就有可能使美台之间长期这种"受限的"高层级官员互访将获得解禁。特朗普这一届政府之所以亲台，除了中美贸易战的关系外，更与特朗普任用了大量亲台政治人物有直接的关联。从 2018 年以来，美国政坛多名主张对台友好的鹰派人物抬头，例如，薛瑞福（Randall Schriver）出任负责亚太事务的国防部助理，以及曾主张和台湾"复交"的博尔顿则获委任为白宫国安顾问等。更有甚者，在 2018 年 12 月 31 日，美国总统特朗普正式赶在美国国会本届会期的最后一天，签署《亚洲再保证倡议法》，该法案中载明美国总统应定期办理对台出售防御性武器，并鼓吹美国高层官员访台。2018 年版的《亚洲再保证倡议法》草案于 2017 年 4 月由美国参议院外交关系委员会亚太小组主席科里·加德纳提出，同一小组的民主党籍参议员埃德·马基与共和党籍参议员马尔科·鲁比奥是共同提案人。①

随着"台湾旅行法"及"亚洲再保证倡议法"等法案的通过，未来美国方面派出高级别官员赴台的可能性越来越大，这无疑会增大中美的冲突和对抗，甚至也有可能会引发台湾区域的危机事件之爆发。

---

① 《特朗普年终签署亚洲再保证法 鼓励定期对台军售》，台湾"中央社"，2018 年 12 月 31 日华盛顿电。

五、台湾官员赴美所引发的风险

1979 年美台"断交"之后，台湾地区正副领导人、外事部门负责人、防务部门负责人等都无法访问华盛顿，"台湾旅行法"通过后，这种"受限的"高层级官员互访将解禁。换言之，"台湾旅行法"这项法案无疑标志美台关系自 1979 年"断交"以来的一个转折点。

从两岸关系的历史进程来看，台湾官员访美并不是小事，而是牵涉两岸关系及台海局势的重大问题。从历史来看，两岸过去就曾因为李登辉访美而掀起了严重的台海危机事件。

1995 年 5 月 22 日，美国突然宣布允许李登辉访美；当年 6 月 9 日，李登辉在康奈尔大学发表名为"民之所欲，长在我心"的政治性演说；1995 年 7 月和 1996 年 3 月，中国大陆为反对李登辉访美，进行了两次大规模导弹实弹发射演习，并推迟第二轮"汪辜会谈"。而美国方面为因应当时的台海危机，也先后派出航空母舰进入台海区域进行戒备。

2018 年美国国会通过的"台湾旅行法"，从性质上来看，甚至比当年美国允许李登辉访美要严重得多，因为当年对李登辉的邀访只是一次性行为，而现在是美国国会制定出相关的法律。可以说"台湾旅行法"是在明目张胆地挑战中方的一个中国底线，中方不可能不有所回击。在台美关系不断升温的态势下，可以说新的台海危机正在酝酿，而危机一旦爆发，要如何收场，非美国所能决定，局势也很难得到控制。

表 6 蔡英文上台以来美方官员赴台情况

访台时间	美国官员及其层级	备注
2018 年 3 月	美国联邦众议院外交委员会主席罗伊斯访台。	自 2013 年担任众议院外委会主席以来连续第 6 年率团访问，积极支持"台湾旅行法"。
2018 年 3 月	美国国务院亚太副助卿黄之瀚访台。	黄之瀚为特朗普政府首位政治任命的亚太副助卿。
2018 年 3 月	美国国务院主管澳大利亚、新西兰及太平洋岛国事务副助卿马志修访台。	

访台时间	美国官员及其层级	备注
2018 年 2 月	美国联邦参议院"台湾联线"共同主席殷霍夫率领联邦参众两院军事委员会议员及幕僚访台。	担任参议院"台湾联线"共同主席，主张强化台美关系，是美国国会知名的亲台议员。
2017 年 10 月	亚洲协会政策研究院资深研究员罗素访台。	为美国国务院前亚太助卿。
2017 年 8 月	美国联邦众议院外交委员会主席罗伊斯访台。	多次联署友台法案。
2017 年 8 月	美国联邦众议院军事委员会"海权暨战力投射小组"主席魏特曼众议员及联邦众议院军事委员会"战备小组"民主党首席议员博达悠一行 6 人访台。	博达悠是美国众议院"国会台湾联线"成员，曾 8 度访台，是知名的亲台人士。
2017 年 5 月	美国共和党全国委员会共同主席裴杜奇应台湾当局的邀请率团来访。	2016 年"六项保证"首次被纳入共和党党纲。
2017 年 3 月	美国前国防部长裴利博士一行应台湾当局的邀请来访。	裴利曾于克林顿总统时期担任美国国防部长，在 1996 年台海飞弹危机时，促成克林顿总统派遣两航母战斗群巡弋台湾海峡周围。
2016 年 12 月	美国联邦众议院军事委员会"战备小组"民主党首席议员博达悠应邀来访。	博达悠是美国众议院"国会台湾联线"成员，是知名的亲台人士。
2016 年 12 月	美国国务院主管澳大利亚、新西兰及太平洋岛国事务副助卿暨 APEC 资深官员马志修大使访台。	
2016 年 6 月	美国联邦参议院军事委员会主席马侃率领联邦参议员团一行 7 人访台。	访团成员除马侃主席外，还包括参议院共和党政策委员会主席贝拉索，及参议员葛瑞姆、参议院外委会亚太小组主席贾德纳、参议院军委会空陆小组主席柯顿、参议员恩斯特及参议员苏利文等。
2016 年 6 月	美国商务部助理部长贾朵德访台。	贾朵德由 14 家美国信息安全企业代表组成之访问团赴台。

六、美国对台军售引发的风险

美国长期以来不停止对台军售的作为，客观上成为引发两岸关系动荡以及台海局势出现重大风险的主要隐患。美国通过对台军售，直接介入到中国的台湾问题之中，对海峡两岸中国人自己处理台湾问题制造了很大的困难，也给"台独"分离主义势力发出了错误的信号，甚至有可能刺激"台独"势力挟洋自重，制造事端，这些都可能会引发台海危机和两岸风险。

第三节　两岸互动引发的风险

一、大陆军机军舰持续绕台飞航

由于民进党执政当局拒不接受"九二共识"，以及蔡英文执政团队核心人士的赤裸裸"台独"工作者之言论，都使本来就缺乏互信的两岸关系雪上加霜，更加陷入对抗与紧张的态势。在两岸关系对抗加剧的情势下，大陆方面过去一段时间强化了航空母舰、军舰、飞机绕台航行飞行的力度，加大了对遏制"台独"势力的军事斗争力度。

尽管大陆机船绕台是典型的军事动作，但较冷战时期的两岸军事激烈对抗，以及1996年台海危机而言，其程度还是较轻，短期内也不至于引发台海地区激烈的军事对抗。毕竟大陆的军机绕台，还是航母绕台，政治警示的意味相对较重，而真正的军事意味不那么明显。

台湾防卫部门对大陆军机、船只绕台的行为，虽然也有一些披露和报道，双方之间甚至围绕大陆军机军舰绕台一事还有一些喊话，但至今都没有发生任何的冲突，即便是擦枪走火的事情也未曾发生，这说明海峡两岸双方现阶段都保持了较为理性的克制。但有必要指出的是，如果两岸持续无法打开沟通的大门，两岸对抗的态势进一步升级，两岸未来在台海上空或相近海域有可能出现意想不到的状况，这种可能性当然无法排除，甚至有可能会引发误判，从而使两岸引爆一场军事冲突风险的概率大为上升。

随着两岸关系下行的风险不断加剧，基本可以预料的情形是，未来大陆机船绕台的情形将会越来越多，次数越来越频繁，当然会对台军及民众的心理压力越来越加重。因此，台湾当局应该重新回到两岸既有的政治共识上来，在"九二共识"的基础上，切实改善两岸关系，与大陆建立起军事安全互信机制，从而避免误判或擦枪走火，确保台海和平，这或许是当前最为急迫之事情。

二、两岸在台湾参与国际组织等问题上的冲突

两岸在台湾参与国际组织一事上的冲突由来已久，这是两岸关系中结构性的老大难问题。在两岸没有达成最终政治解决和制度安排之前，这种冲突与争执就不可能得到完全的消除与化解。事实上，自 1949 年两岸隔台湾海峡对立以来的七十年里，海峡两岸围绕台湾参与国际组织一事的冲突始终存在，更是引发两岸关系紧张与对抗的重要根源。

两岸至今无法在台湾参与国际组织一事上达成共识或形成某种默契，主要责任还在于台湾方面。中华人民共和国作为代表整个中国的唯一合法政府，是经过联合国大会全体成员国投票决定，并为国际社会绝大多数国家所公认，具有国际法及国内法的法理基础。台湾作为中国领土不可分割之一部分，其对外参与方面，包括参与国际组织等事宜上当然要在一个中国原则下来进行。但长期以来，由于台湾方面抗拒两岸同属一国的事实，尤其是绿营企图挑战"一中"原则，突破国际社会中的"一中"框架，为台湾寻求具有主权意涵的"空间"，当然会招致大陆方面的遏制与反对。这也是海峡两岸在台湾参与国际组织一事上冲突不断的根源所在。

事实上，只要两岸有着共同的政治基础，即在"海峡两岸同属一个中国，共同努力谋求国家统一"的"九二共识"上，两岸关系就可以开展协商谈判，可以就台湾"参与国际组织"一事进行沟通与商谈，也才有可能达成合理、合规、合法的制度化安排。在马英九执政时期，由于两岸双方均坚持"九二共识"的政治基础，两岸在台湾"国际参与"方面形成了一定的共识和默契，大陆方面积极配合和支持台湾在参与世界卫生大会、亚太经合组织领导人非正式会议以及国际民航组织等的作为。而 2016 年以来，随着民进党重新执政，尤其是蔡英文当局拒不接受"九二共识"等两岸的政治基础，使两岸互信基础完全丧失，当然对台湾参与国际组织等带来重大的影响和冲击。蔡英文当局也就无法参与 WTO 等国际组织。

随着两岸关系的对抗升级，如果台湾方面试图借助外部势力的介入来取得其在国际参与方面的参与，则有可能会使两岸关系更为紧张，其牵涉面也更大，引发危机的可能性将增大。

三、两岸在台湾"邦交国"问题上的角力及冲突

由于邦交涉及一个国家与行为体的主权身份，尽管中华人民共和国早已成为整个中国的唯一合法代表，但由于历史与现实的原因，台湾方面至今仍然有 17 个所谓的"邦交国家"。两岸在台湾当局的"邦交"问题的冲突虽然是不可调和的矛盾，但近年来，随着大陆综合实力的显著增强，两岸关系持续呈现陆强台弱的发展态势，台湾的"邦交"问题显然已不再是两岸冲突中的核心议题。就目前台湾的"邦交国"而论，基本上都是一些发展中国家，而且这些国家普遍面积很小，人口较少，对国际社会的影响力较弱，这些国家对台湾地区的"国际"参与之提升及帮助作用并不大，仅仅是起到象征性的作用而已。因此，大陆近年来对处理台湾"邦交"一事并没有用多大的力道。换言之，只要台湾方面不刻意挑衅大陆，大陆一般不会主动去动台湾的"邦交国"。

从马英九执政八年来看，2008 年马英九上台之初，当时台湾尚有 23 个"邦交国"，一直到 2016 年 5 月 20 日马英九卸去台湾地区领导人职务时，台湾当时的所谓"邦交国"还有 22 个，这八年时间只掉了一个"邦交"冈比亚，而且冈比亚在 2013 年与台湾当局"断交"，并不是中华人民共和国主动挖墙脚，而是该国领袖自己的主动作为，中华人民共和国也是在 2016 年 3 月 17 日才与冈比亚正式建立外交关系。换言之，当两岸关系运行良好，两岸有共同的政治基础时，台湾的"邦交"关系才会稳当。

转眼到了民进党重新执政时期，由于两岸关系缺乏共同的政治基础，也导致台湾的"邦交"一再减少。蔡英文是在 2016 年 5 月 20 日上台执政，同年 12 月 20 日，圣多美和普林西比宣布与台湾当局"断交"，转而与中华人民共和国建交；2017 年 6 月 13 日，巴拿马宣布与台湾当局"断交"，转而与中华人民共和国建交；2018 年 5 月多米尼加、布基纳法索相继宣布与台湾当局"断交"，转而与中华人民共和国建交；2018 年 8 月 21 日萨尔瓦多宣布与台湾当局"断交"，转而与中华人民共和国建交，至引，蔡英文上台 2 年丢掉 5 个"邦交国"，使台湾当局的"邦交国"只剩下 17 个。尽管美国方面极为帮助台湾稳固其"邦交"，但台湾方面仍然无法阻止其"邦交"日趋渐少的大趋势。

从未来趋势来看，随着大陆越来越向世界各地区伸出影响力，台湾的"邦交"压力无疑越来越加剧。而两岸在这一问题上的冲突与对立又无法得到妥善化解的情势下，则有可能会掀起两岸关系新的波澜与危机。

从上面分析来看，由于台湾岛内形势发展及美国因素的介入，台海危机及

两岸风险的可能性确实存在。即便绿营当局主动引爆台海危机的可能性不高，但也无法完全排除。特别是如果两岸对抗情势越发加剧，也无法排除蔡英文当局有可能完全配合美方的可能性，从而引发两岸局势动荡，对此要高度警惕。

第七章　台海两岸军事对抗态势

自 1949 年以来，台海地区军事发展态势已经有了较大的改变，美国虽然对这一地区的军事优势尚存，但海峡两岸之间的军事实力悬殊日渐明显，特别是大陆军事势力的显著增强，正越来越成为台海地区安全稳定的重要力量。

第一节　台海军事战略对抗

台湾问题迟迟无法解决有两方面原因，一方面是两岸长期存在结构性矛盾，另外一方面则是外部势力干涉，而这两方面也构成了两岸军事上长期对抗的根源。

一、两岸结构性矛盾是双方军事战略长期对抗的深层次根源

海峡两岸存在的结构性矛盾是导致双方军事战略长时期对抗的最为根本性的原因。海峡两岸的结构性矛盾是指长期以来，台湾方面始终抗拒来自大陆方面的统一诉求，特别是"以武拒统"的心态明显，而大陆则是希望最终能够实现海峡两岸的统一，两岸在这个问题上的矛盾与冲突始终存在，无论是国民党执政，还是民进党执政，两岸之间的这一矛盾都没有任何实质的改变。

蒋介石败退台湾之后，台湾当局一直图谋"反攻大陆"并将此作为其在维护在台湾统治的政治口号，在台湾地区实行"戒严"，全面隔绝两岸交往。大陆方面 1979 年开始实行和平统一的大政方针，争取通过"一国两制"方式实现和平统一。但台湾当局却采取"不接触、不谈判、不妥协"的政策，直到 1987 年两岸隔绝状态结束后，双方才开始民间交往。由于两岸相互之间没有建立互信，两岸在军事领域的对抗强度虽然有所降温，但台湾当局仍然抗拒大陆方面提出的"和平统一、一国两制"的政治诉求。在蒋介石、蒋经国时期，台湾军事战

略经历了由"攻势战略",转向"攻守一体",再转向"守势战略"的演变。

李登辉时期,台湾军事战略完全转型为"守势防卫",同时两岸军事斗争的本质转变为"台独"与反"台独"的斗争。在军事目标设定上,台湾当局将目标确定为防范大陆武力"进犯"。例如,在1992年版本"国防报告书"中称"中共武力侵犯视为危害我们'国家'生存最直接之威胁,而抗拒此一威胁,保障国家安全为此一时期国防最重要课题"。在1993—1994年版"国防报告书"中,称"这个阶段对我国安全构成威胁基本上可区分为中共侵犯国土分裂区域冲突"。在1996版"国防报告书"中,称"现阶段对我'国'构成威胁基本上可区分为中共武力侵犯国土分裂、区域冲突"。[1] 在军事战略上,台湾当局实行"守势战略"。这一时期,台湾当局公布的"国防报告书"中对于台军防御范围也逐渐具体,逐渐固守在"台澎金马"。1996年台湾当局的"国防报告书"首次明确以防卫为目的。至此之后,"防卫固守,有效吓阻"成为台湾军事战略的主导方针。

面对李登辉在"台独"路线上渐行渐远,大陆为了遏制"台独"分裂势力,分别在1995—1996年针对台湾海域进行了大规模的军事演习。同时,1995年1月30日,时任中共中央总书记江泽民提出了推进祖国和平统一进程的八项主张,强调要"努力实现和平统一,中国人不打中国人。我们不承诺放弃使用武力,决不是针对台湾同胞,而是针对外国势力干涉中国统一和搞'台湾独立'的图谋的"。[2]

在陈水扁时期,民进党及其当局推动"台独"活动升级,使两岸关系进一步恶化,两岸军事战略对抗更为明显。一方面,陈水扁继续将大陆视为头号威胁,陈水扁任内的所有"国防报告书"中都突出了大陆对台的军事压力。例如,在2004年公布的"国防报告书"称,"关于对台湾的外部威胁,'中国'至今仍不放弃以'武力犯台',并极力在国际上扼杀'我国'生存空间,这一直是'我国'最大的安全威胁。"另一方面,陈水扁则对当局军事战略进行了重大调整,提出了"决战境外"的思想,并将军事战略调整为"有效吓阻、防卫固守"。2000年,台湾当局公布的"国防报告书"中首度将台湾的"防卫固守、有效吓

---

① 陈勇宪:《从"国防报告书"探讨"我国国防政策"演变》,《2013年全民"国防教育"绩优论文》,第123—124页。

② 江泽民:《为促进祖国统一大业的完成而继续奋斗》,载中共中央台湾工作办公室、国务院台湾事务办公室编:《中国台湾问题(修订版)配套资料》,北京:九州出版社,2015年版,第75页。

阻"调整为"有效吓阻,防卫固守"。尽管只是语句上顺序的变化,但反映出台军更加突出"吓阻",突出"攻势作战"。为了贯彻该军事战略,台湾当局大力发展"不对称"作战力量,提高了电子战、反潜、反舰等能力,特别是从美国引入 P-3C 反潜机、铺路爪雷达等装备,为"吓阻"提供装备基础。在调整军事战略的同时,陈水扁在 2000 年陆军军官学校成立 76 周年的讲话中提出了"决战境外"的构想,指出"决战要在'作战地境之外'""要达成拒敌彼岸,击敌海上、毁敌水陆、歼敌滩头的用兵目标。"① 为了贯彻这一目标,台湾当局 2002 年公布的"国防报告书"中将原先的战略构想由"制空、制海、反登陆"改为"制空、制海、地面防卫",进攻性明显增强。"决战境外"的实质"就是发展战略进攻力量,确保具备摧毁大陆重要军事目标的能力,以'恐怖平衡'达到遏制和打赢战争的目的。"②

面对民进党当局的挑衅,大陆方面坚决地开展反对"台独"的斗争,并加紧进行反"反独"军事斗争准备。2002 年 12 月 9 日,国务院新闻办公室发表《2002 年中国的国防》白皮书,指出大陆以最大诚意、尽最大努力争取和平统一的前景,但决不承诺放弃使用武力,同时大陆的武装力量有决心、有能力制止任何分裂行径。③2004 年 7 月 31 日,时任国防部长曹刚川在解放军建军 77 周年纪念酒会上表示,"台独"没有和平,分裂没有稳定,将继续坚持"和平统一、一国两制"基本方针。如果"台独"分裂势力一意孤行,解放军有决心、有能力,坚决粉碎任何"台独"分裂图谋。④2005 年 3 月 14 日,十届全国人大三次会议通过《反分裂国家法》。这部法律充分体现大陆方面以最大的诚意、尽最大的努力争取和平统一的一贯立场,表明全中国人民维护国家主权和领土完整、绝不允许"台独"分裂势力以任何名义、任何方式把台湾从中国分割出去的共同意志和坚定决心。⑤

---

① 姜廷玉:《台湾地区五十年军事史(1949—2006)》,北京:解放军出版社,2013 年版,第 226 页。

② 姜廷玉:《台湾地区五十年军事史(1949—2006)》,北京:解放军出版社,2013 年版,第 226 页。

③ 《2002 年中国的国防》白皮书,http://www.mod.gov.cn/regulatory/2011-01/06/content_46178062.htm。

④ 《中央军委副主席、国务委员兼国防部长曹刚川在建军 77 周年庆祝酒会致辞时谈台湾问题》,华夏经纬网,http://www.huaxia.com/lasd/stfzzc/zggc/2005/09/474619.html。

⑤ 《温家宝:一个中国原则上恢复两岸平等协商谈判》,人民网,http://politics.people.com.cn/GB/1026/3221024.html,2005 年 3 月 5 日。

马英九时期，两岸关系有了很大改善与进展，马英九也将台湾军事战略改回"防卫固守，有效吓阻"，台海军事紧张情势有所降低，但两岸军事安全互信进展不大。相比于李登辉、陈水扁，马英九当局对外部情势的判断中大陆依然是主要威胁。在台湾当局2009年、2011年、2013年、2015年"国防报告书"中，都强调了大陆的"军事威胁"。例如，2009年"国防报告书"认为："国军建军备战的工作，不应也不会因两岸关系的和缓而有所松懈，国军必须时时保持最佳状态、最高战力，决不会片刻忘记"中共军事威胁"的存在，持续在和平中保持警觉。"①2013年"国防报告书"认为"两岸政经关系目前呈现相对稳定状态，惟中共迄今未放弃对台动武，仍为影响亚太区域稳定及我国未来发展之重大威胁"。2015年马英九任内最后一份"国防报告书"与其上任第一年对比，不变的依然是把大陆认为是台湾最大的安全挑战，"中共此项现代化，以及'一带一路'外交与经济战略，并扩大在东海与南海的影响力度，仍是左右亚太区域安全稳定及影响'我国'生存发展之主要威胁"。

2008年5月两岸关系开创和平发展新局面后，大陆方面努力创造两岸关系和平发展的客观环境，争取降低两岸敌对状态，维护台海和平稳定。《2008年中国的国防》白皮书指出："'台独'分裂势力谋求'台湾法理独立'的图谋遭到挫败，台海局势发生重大积极变化，两岸双方在'九二共识'共同政治基础上恢复协商并取得进展，两岸关系得到改善和发展。"②同时，大陆方面不放松对"台独"势力的警惕。国防部新闻发言人胡昌明在《2008年中国的国防》白皮书新闻发布会上表示，"台湾问题涉及民族根本利益和国家核心利益。我们进行有限的军事部署，完全是根据国家的安全利益，维护民族根本利益、国家核心利益的需要"。③《2010年中国的国防》白皮书指出，"中国政府制定并实施新形势下推动两岸关系和平发展的方针政策，促进台海局势保持和平稳定，两岸关系取得重大积极进展"④。2014年台湾爆发"反服贸学运"后，台湾局势明显发生不利于国民党的变化，"台独"活动又趋于猖獗，大陆方面又开始对"台

---

① 台湾当局"国防部"："2009年国防报告书"，第44页。

② 《2008年中国的国防》白皮书，http://www.mod.gov.cn/regulatory/2011-01/06/content_4617809.htm。

③ 《国防部就大陆是否调整对台军事部署问题答记者问》，中新网，2009年1月20日，http://www.chinanews.com/gn/news/2009/01-20/1534914.shtml。

④ 《2010年中国的国防》白皮书，http://www.mod.gov.cn/regulatory/2011-03/31/content_4617810.htm。

独"分裂势力提出警告。2014 年 4 月 30 日，时任国台办发言人范丽青在记者会上表示："两岸关系不是'国与国'关系，任何借'两岸协议监督'之名来推行'两国论''一边一国'的'台独'主张，破坏两岸协商和两岸关系和平发展的企图，两岸同胞应该高度警惕。"①2015 年国防部发表《中国的军事战略》白皮书，再次对"台独"势力发出警告，指出"近年来两岸关系保持和平发展良好势头，但影响台海局势稳定的根源并未消除，'台独'分裂势力及其分裂活动仍然是两岸关系和平发展的最大威胁"。②

2016 年 5 月，民进党在台湾重新执政。蔡英文上台后坚持"台独"立场、拒不接受"九二共识"及其一个中国的核心意涵，两岸关系，两岸军事对抗性也再次突出，"台独"与反"台独"的斗争再次成为两岸军事对抗的主轴。和平发展受到严重冲击，蔡英文当局提出"防卫固守，多重吓阻"的军事战略，大力强化对美军购与武器自制，进一步恶化了台海局势。

第二节　台海军事战略对抗的外部推力

长期以来，台湾问题一直面临外部势力介入的挑战。而外部势力的长期介入，不但使两岸和平统一的难度增大，而且使台湾当局"以武拒统"的能力增大。在外部势力介入中，美日是典型代表。正是由于美日不断介入台湾问题，也使台海军事态势复杂性加剧。美国对台湾问题的最大介入就是向台湾提供所谓的"安全保护"。换言之，美日等外部势力介入是两岸军事战略对抗的重要推力。

（一）美国对台军售问题

中美建交之前，美国在军事上长期支持台湾对抗大陆。1979 年中美建交后，美国对台湾虽然采取"断交、废约、撤军"的动作，但这并不代表美国甘心放弃台湾。很快美国国会就通过了《与台湾关系法》，并强调要继续为台湾提供防御性武器，这也为美国继续介入台湾问题预留了空间。虽然之后在中方的压力下，中美在 1982 年签订《八·一七公报》，美国承诺会逐渐减少对台军售，但是实际上美国从没有真正履行承诺，美国对台军售问题延续至今，成为影响中美关系、台海局势的破坏性因素。

---

① 国台办：《国台办新闻发布会辑录（2014-04-30）》，2014 年 4 月 30 日，http：//www.gwytb. gov.cn/xwfbh/201404/t20140430_6096886.htm。

② 《中国的军事战略》，http：//www.mod.gov.cn/regulatory/2015-05-26/content_4617812_2.htm。

随着中国军事实力的不断提升，美国对台军售越来越受到来自大陆方面更大的压力。美国对台军事援助由直接售卖武器，变为技术转移，或支持台湾向第三国购买武器。例如，李登辉时期天弓防空导弹与"经国号"战机的研发等美国都有协助；陈水扁时期，具有攻击性质的柴电潜舰也都在美方提供的军售名单之列。马英九时期尽管美国对台军售规模较大，但是在其在武器性能上并未出售敏感武器。但随着民进党在台湾地区重新执政，特别是中国大陆实力的显著上升，台湾实力的相对下降，以及中美战略对抗程度的增强，美国又强化了对台湾扶持的力度，特别是美台在军事领域的合作明显有所升温。2017年7月美国国会通过《2018国防授权法案》，鼓吹所谓"台美军舰互访"，大幅提升台美军事合作的关系，严重损坏台海局势稳定。

美方长期的对台军售动作自然会遭到中国方面的强烈反对和抗议，中国方面历年发布的国防白皮书均对此阐明了立场。《2000年中国的国防》白皮书中指出，"美国不断向台湾出售先进的武器装备，其国内有人企图推动国会通过所谓《加强台湾安全法》，还有人企图将台湾纳入战区导弹防御系统；日美修订的防卫合作新指标，始终不明确承诺不把台湾划入其欲军事介入的'周边安全事态'范围。这些行为助长了台湾分裂势力的气焰，严重损害了中国的主权和安全，危害了亚太地区的和平与稳定。"[①]《2002中国的国防》白皮书指出，"极少数国家在台湾问题上干涉中国内政，继续售台武器装备，提升与台关系，助长了台湾分裂势力的气焰，损害了中国的和平统一进程"。[②]《2004中国的国防》白皮书指出，"美国多次重申坚持一个中国政策、遵守三个联合公报、反对'台独'的立场。但是，美国继续提升售台武器的数量和质量，向台湾当局发出错误信号，不利于台海局势的稳定。"《2006中国的国防》白皮书指出，"美国多次重申坚持一个中国政策、遵守中美三个联合公报、反对'台独'的立场，但是美国继续向台湾出售先进军事装备，并与台湾加强军事联系和往来。少数国家炒作'中国威胁论'，加强对中国的战略防范与牵制。周边复杂而敏感的历史和现实问题，仍对中国的安全环境产生影响。"[③]《2008年中国的国防》白皮书指

---

① 《2000年中国的国防》白皮书，http://www.mod.gov.cn/regulatory/2011-01/07/content_4617805.htm。

② 《2002年中国的国防》白皮书，http://www.mod.gov.cn/regulatory/2011-01/06/content_4617806.htm。

③ 《2006年中国的国防》白皮书，http://www.mod.gov.cn/regulatory/2011-01/06/content_4617808.htm。

出，"美国违反中美三个联合公报原则，继续向台湾出售武器，严重损害中美关系和台海地区和平稳定。"①《2010 中国的国防》白皮书指出，"美国违反中美三个联合公报原则，继续向台湾出售武器，严重损害中美关系和两岸关系和平发展"。②针对蔡英文上台后美台军事合作的升温势头，2017 年 6 月，中国国防部表示，中方一贯坚持反对美台进行任何形式的官方往来和军事联系，要求美方恪守在台湾问题上向中方做出的承诺，停止美台军事联系，以免给两国两军关系和台海和平稳定造成损害。

从目前形势来看，美国继续对台军售的动作不为停止，甚至有可能会强化对台湾军事力量的支持。但也要看到，美国对台提供军事支持也是有一个限度，就是不愿意看到由于"台湾问题"而激怒大陆，从而使中美关系走到不可收拾之地步。总之，未来美国在对台军售以及对台提供军事支持上，总体上还是会在"中美关系"大局下保持台海稳定，在中美权力的对抗平衡中制定对台军事政策。

日本对台战略主要是依附于美国对台总体战略而实施。20 世纪 90 年代初，日本制定了《周边事态法》，该法明确规定，日本周边地区一旦发生战事或危机，自卫队可以对作战的美军进行支持。同时，日本高级官员多次表示，日美防卫合作范围包括台湾。并在对"周边事态"的解释中，为"是对日本和平与安全造成重要影响的事态，它不是地理概念，而是着眼于事态的性质"，这种解释，暗含将中国的台湾问题划入日美防卫合作范围的明显企图。根据这一法律，日本可以在非战斗区域，对美军进行通信、运输、补给等方面的援助。这是对冷战时期日美安保体制进行的重大修正，突破了日本在南部地区发生危机事件时自卫队无所作为的局限，强化了自主行动的能力。很明显，台海海峡的地理界线应属于日本周边，这就预示着台海一旦有事，日本有与美国一道介入的权利。

同时，日本通过修改"防卫指针"介入台湾问题。1995 年 11 月，日本国会通过《国家防卫计划大纲》，强调在日本周边区域若发生冲突时，日本将向美军提供后勤支持。1996 年 4 月 17 日，日美签署《日美安全保障联合宣言》，从法律上完成了对日美安保体制的重新确认，该"联合宣言"提到：重大政策的

---

① 《2008 年中国的国防》白皮书，http://www.mod.gov.cn/regulatory/2011-01/06/content_4617809.htm。

② 《2010 年中国的国防》白皮书，http://www.mod.gov.cn/regulatory/2011-03/31/content_4617810.htm。

协调一致，包括处理在日本南边区域可能出现的事态时进行双边合作的研究，这也是对美日安保条约的再定义。它使日本在台海安全上的作用发生了极大的变化，日本已经不单纯只为美国提供军事基地，而是为美国的军事行动提供支持。一旦台海有事，日本会基于自身安全考虑，从正面驰援美国。可以说，台湾因素使美国把对台防卫与日美安保体制、日本的国家安全战略结合起来。

日本还透过美日"2+2"会议不断介入台湾问题。2011年正值美日同盟成立50周年，在2011年6月21日，美日两国的外交部长和国防部长在华盛顿举行了新一轮安全保障协商委员会会议，简称"2+2"会议。会议制定了新的美日共同战略目标，突出共同应对所谓"中国威胁"，讨论了加强美日同盟的新措施并达成协议，并将台湾问题纳入其中的讨论。

正是由于境外势力长期介入台湾问题之中，加上"独派"的刻意炒作，这使得高达八成的台湾人觉得如果台湾遭大陆攻击，美国一定会出兵保护。也就是说，美国等境外势力的介入，在一定程度上不但强化了台湾当局"以武拒统"的意愿，而且也使台湾民众对"台独"的危害性后果认识不到位。

第三节　两岸军事实力对比态势

台海军事力量对比经历了一个动态变化的过程。20世纪五六十年代，就台海两岸军事实力而言，台湾在海、空力量上略占优势，其他方面则处于下风。七八十年代，随着台湾"经济起飞"，台湾当局对军事的投入加大，台湾军力取得一定进展。而当时大陆由于尚处于"文革"后期与改革开放初期，与台湾在常规军力上互有优势。进入90年代，随着美国对台军售级别提高，台湾当局从美国采购了150架F-16战斗机、"佩里"级导弹护卫舰以及从法国采购幻影–2000战斗机、"拉法叶"舰等大批先进武器，台湾在海军、空军方面有一些微弱优势。进入21世纪以来，随着大陆综合实力快速发展，大陆军事实力不断跃升，特别是最近十年内，一大批先进武器先后列装，大陆军事实力已经全面超越台湾，并呈现不断扩大之势。据估测，大陆目前整体军事实力是台湾的10倍以上。

由于数据的敏感性，要准确掌握两岸军事实力对比实属不易，但可以从大陆、台湾及外国媒体、智库、研究机构等公布的资料进行总体的分析。军事力量包括常规军事力量和核军事力量。在核军事力量方面，大陆早已是世界重要的核拥有者，拥有陆基、海基和空基等核力量，在核军事力量领域，台湾则没有核武器。在常规军事力量方面，大陆也具有明显的军事优势。特别是 2007 年以来，随着大陆加大对军事力量的投入，军事发展日新月异，两岸差距不断拉大。这可以从 20 世纪 90 年代中期和当今的两岸军事力量比较分析中得出结论。

一、20 世纪 90 年代两岸军事实力对比

根据台湾防务部门 1996 年公布的"国防报告书"，当时解放军兵力规模如下：在武器装备上，拥有自行研发的 90 Ⅱ 式坦克、指挥自动化系统、密集防空系统、"M-9"战术导弹、"旅沪级"导弹驱逐舰、"江卫""江沪级"导弹护卫舰、039 型潜艇等二代潜艇、歼轰 7 战机等常规武器以及陆基型"东风三十一号"、潜射"巨浪二型"、"东风十一号""东风十五号"等导弹。[①] 在兵力规模与部署上，陆军 200 余万人，主要战斗部队有 80 余个步兵师、20 余个坦克师（旅）、30 余个炮兵师（旅）及其他战斗支持和勤务支持部队；海军 30 余万人，编成东海、南海、北海 3 个舰队及潜舰、岸防、海航等单位等；空军 30 余万人，编成约 40 个飞行战斗师（团），其中以歼击师为主；第二炮兵 10 余万人主要装备有"东风 5 号""东风 4 号"洲际弹道导弹，"东风 3 号"长程弹道飞弹等各型飞弹约 100 枚。[②]

当时台军力量配比如下：陆军占 51.8%，海军占 14.35%，空军占 14.15%，联勤占 2.05%，军管部占 5.39%，"宪兵"占 4.4%。[③] 武器装备方面，很大程度依赖于对外采购，譬如 M60A3 战车、远洋扫雷舰、E-2T 空中预警机。[④] 武器研发方面，台湾研发了"经国号"战斗机，"天剑Ⅰ型""天剑Ⅱ型"导弹；配备天弓防空导弹系统；自行生产了"郑和"号、"成功"号、"岳飞"号、"继光"号、"锦江号"等舰艇；完成了"雄风一型"导弹的生产与部署，"雄风二型"导弹正陆续生产部署中。

通过以上比较可以发现，在 20 世纪 90 年代中期，两岸海军、空军力量较为接近，大陆在数量上有优势，但是台湾依托美国支持，在战机和舰艇质量上拥有一定优势。

---

① 台湾当局"国防部"：《1996 年"国防报告书"》，第 38 页。
② 台湾当局"国防部"：《1996 年"国防报告书"》，第 40—41 页。
③ 台湾当局"国防部"：《1996 年"国防报告书"》，第 80 页。
④ 台湾当局"国防部"：《1996 年"国防报告书"》，第 92 页。

二、当前两岸军事实力对比

进入 21 世纪，随着大陆军事现代化向前推进，两岸军事实力对比不断拉大。美国国会下属的美中经济与安全评估委员会 2007 年曾就两岸军事力量对比公布了一份报告，尽管该报告有渲染中国"军力威胁"的嫌疑，但首次明确指出，解放军海军实力已远超台湾。[①]2007 年《汉和防务评论》杂志 5 月号文章称，从 1999 年李登辉提出"两国论"到 2007 年，仅仅几年时间，台海两岸海空军、战役战术导弹力量对比发生了急剧变化，总体上的战力正在向大陆急剧倾斜。从台湾当局"国防部"公布的"国防报告书"来看，两岸军事实力的差距正快速拉大。台湾 2011 年"国防报告书"指出，大陆军力是台湾的 10 倍，大陆国防预算更是台湾的 21 倍（见表 6）。美方公布的 2016 台海地区军事力量对比显示，无论在武器数量和质量上大陆已经全面超越台湾。

表 7　《2016 年大陆和台湾军事对比》[②]

项目	大陆		台湾
	合计	台海地区	合计
人员（战斗人员数）	850000	190000	130000
集团军数 / 军团数	18	6	3
步兵师	12	3	0
步兵旅	23	6	7
机械化步兵师	7	1	0
机械化步兵旅	25	6	3
装甲师	1	0	0
装甲旅	17	6	4
陆航旅和陆航团	11	5	3
炮兵旅	22	8	5
空降部队	1	1	0
两栖作战师	2	2	0
两栖作战旅	3	2	2

①　"2007：台海两岸军力对比"，美国《世界报》，2007 年 6 月 7 日。

②　参见 US Office of the Secretary of Defense, Annual Report to Congress：Military and Security DevelopmentsInvolving the People's Republic of China 2017, May 5, PP.93-95.

	大陆		台湾
坦克	7000	2000	1100
火炮数量	8000	2600	1600
航空母舰	1	0	0
驱逐舰	31	24	4
护卫舰	56	42	22
轻型护卫舰	23	14	1
坦克登陆舰 / 船坞登陆舰	34	32	12
中型登陆舰	21	15	4
柴油动力潜艇	54	34	4
核动力潜艇	5	2	0
战略导弹潜艇	4	4	0
战斗机	1700	180	384
轰炸机、攻击机	400	200	0
运输机	475	150	19

上表已可见台军在军队人员和武器装备上的落后，从 1970 年以来两岸在军事防务支出变化相比较，也可以看出两岸军力的变化趋向。

表 8　1970—2012 年两岸防务支出费用比较

年份	大陆国防支出		台湾防务支出	
	人民币（亿元）	美元（亿元）	新台币（亿元）	美元（亿元）
1970	145.26	59.01	176.28	4.41
1971	169.47	68.84	192.59	4.81
1972	159.39	71.15	193.05	5.05
1973	145.39	72.37	247.95	6.53
1974	133.39	66.50	246.17	6.48
1975	142.46	72.31	302.31	7.96
1976	134.45	68.25	370.13	9.74
1977	149.04	81.00	470.05	12.72

年份	大陆国防支出		台湾防务支出	
	人民币（亿元）	美元（亿元）	新台币（亿元）	美元（亿元）
1978	167.84	97.58	624.46	17.35
1979	222.64	143.18	704.64	19.57
1980	193.84	130.09	1031.41	28.04
1981	167.97	94.54	1046.23	26.74
1982	176.35	91.62	1102.94	28.19
1983	177.13	90.50	1162.07	31.50
1984	180.76	82.00	1177.51	29.72
1985	191.53	65.22	1303.45	32.70
1986	200.75	58.14	1474.31	38.95
1987	209.62	56.32	1416.37	44.44
1988	218.00	58.57	1477.59	51.65
1989	251.47	66.79	1778.05	67.32
1990	290.31	60.69	2023.47	75.25
1991	330.31	62.05	2194.36	81.82
1992	377.86	68.52	2393.98	95.15
1993	425.80	73.90	2535.11	96.06
1994	550.71	63.90	2424.90	91.64
1995	630.97	76.24	2340.73	88.36
1996	720.06	86.61	2441.25	88.90
1997	812.57	98.02	2534.17	88.30
1998	934.70	112.90	2571.25	76.85
1999	1076.40	130.03	2631.66	81.55
2000	1207.54	145.87	3432.82	109.92
2001	1442.04	174.22	2377.42	70.32
2002	1707.78	206.33	2252.43	65.14
2003	1907.87	230.50	2277.40	66.17
2004	2200.01	265.80	2489.10	74.46
2005	2474.96	302.13	2485.47	77.24

年份	大陆国防支出		台湾防务支出	
	人民币（亿元）	美元（亿元）	新台币（亿元）	美元（亿元）
2006	2979.38	373.74	2370.93	72.88
2007	3554.91	467.51	2566.90	78.16
2008	4178.76	601.68	2824.09	89.54
2009	4951.10	724.80	2912.42	88.10
2010	5333.37	787.85	2767.83	87.45
2011	6027.91	933.29	2841.85	96.43
2012	6691.92	1060.11	3033.95	102.43

（本表数据源：中华人民共和国国防部；台湾防务部门网站）

由上表可以看出，在防务投入上，20 世纪 90 年代中期后大陆防务预算呈现快速增长的态势，而台湾防务预算则增长缓慢。台湾防务预算增长缓慢，主要原因是 20 世纪 90 年代中后期台湾经济增速明显趋缓。由于防务预算投入不足，造成台军军力建设投入不足。尤其是军费问题也成为台军"募兵制"难以推行的重要原因。

总之，当前两岸军事实力对比，不论在军费预算层面还是在战斗力层面都呈现一边倒的发展态势，大陆牢牢掌控台湾海峡的军事主动权。

第四节　台海军事态势的基本特征

两岸之间军事对抗本质上是两岸政治对立状态的延伸，因而两岸政治关系直接影响和决定了台海军事态势。随着两岸政治关系发展演变，特别是 1987 年来两岸关系发展与演变，台海军事态势与之前相比发生了显著变化。目前台海军事态势具有下列特征。

（一）对抗性突出

1987 年以来两岸隔绝状态结束、交往开展以来，两岸军事对抗性总体上逐渐降低，但对抗性特征非常突出。从大陆来说，由于"台独"势力企图分裂国家以及外部势力介入台湾问题的风险始终存在，大陆始终不愿意放弃非和平方式解决台湾问题的政治坚持。

但台湾当局始终将大陆视为"重要威胁"和作战对手，实行对抗性政策。

1. 在指导思想上，无论是国民党还是民进党，都不断强调大陆的军事威胁。马英九当局公布的"国防报告书"中，"中国军事扩张"是重要组成部分。民进党当局公布的数份"国际政策白皮书"中，更是直指大陆对台湾的"安全威胁"。

2. 在训练备战上，台湾一直将大陆视为作战对手。在演习上，台军举行的最高层级演习"汉光演习"的假想敌直指大陆，一直没有改变，2017年"汉光演习"设定背景更是设定为大陆2025年前后攻台。在武器装备采购上，台军一直试图购入F-16C/D等先进战斗机、购买或者自制潜艇等攻击性武器以应对大陆，同时还大量研发以"雄风Ⅲ型"导弹为代表的"非对称"作战武器。

3. 从实战角度看，台军对于通过台湾海峡或者对于远航执行任务的解放军战机、舰艇进行跟踪监视。

4. 从建构两岸军事互信机制的角度看，台湾当局对于建构两岸军事安全互信机制态度消极，认为"现阶段推动两岸军事互信之主客观条件尚未成熟"，[①]拒不商谈构建两岸军事安全互信机制的协议。

从法理意义上而言，两岸至今尚未达成和平协议，两岸敌对状态尚未结束，这是两岸军事对抗性依旧突出的根源。特别是大陆方面追求国家统一与国民党拒绝统一、民进党谋求"台独"是结构性矛盾，这直接导致台海长期存在军事对抗局面。

（二）不对称性日益凸显

在1949年中华人民共和国中央人民政府成立后的相当长一段时间内，大陆拥有强大的陆军，但是受多方面因素影响，海、空军实力与台湾海空军实力存在一定差距。1978年改革开放以来，随着综合实力的提高，大陆军事实力也不断提升，特别是近年来大陆军事改革全面推进，解放军在质量建设上获得全面跃升，武器装备日益先进，台湾对于大陆的优势不复存在，这构成了2008年以来台海局势相对稳定的军事基础。即便2016年民进党重新执政之后，台湾当局实施各类"台独"政策，但终究不敢触碰大陆的红线，其根本原因也是在于大陆强大的实力，尤其是当前双方军事实力的不对称性。诚如习近平总书记在纪念中国人民解放军建军90周年大会上讲话所指出的："我们捍卫和平、维护安

---

① 台湾当局"国防部"：《2015年"国防报告书"》，第68页，台湾当局"国防部"，2015年。

全、慑止战争的手段和选择有多种多样，但军事手段始终是保底手段。"[1]

当前两岸之间军事实力的不对称性体现在军队编成、武器装备质量、数量等方面。在军队编成上，近年来大陆国防和军队现代化不断深入，在顶层设计上形成了军委管总、战区主战、军种主建的格局，对军委机关进行调整组建，并设立五大战区，成立陆军领导机构、火箭军以及战略支持部队，联合作战能力得到进一步提升。在武器装备水平上，大陆近年来武器装备水平日益提升，众多高精尖武器投入使用，尤其是"辽宁"号航空母舰逐渐形成战斗力以及一大批的先进武器装备投入使用，大幅提高了解放军对海、对空作战能力。反观台湾军队建设水平则止步不前，尽管从李登辉时期开始，台军先后实行"精实案""精进案""精粹案"等兵力结构调整，压缩台军员额，并实行"国防二法"，改革"国防体制"，但是台军仍然面临着"募兵制"推动缓慢、内部管理混乱等问题。在武器装备上，尽管美国持续对台军售，但是台军武器更新升级速度缓慢，武器装备老旧，特别是在先进战斗机、先进水面舰艇以及潜艇等核心能力上与大陆差距拉大。日本防卫省防卫研究所2017年对比分析了解放军与台军现役武器装备以及人员构成情况（如表9所示），从中可以发现，解放军对于台军的优势不仅仅是数量上的优势，更是质量上的全面胜出。对于台海军事态势上不对称性，台湾当局也有清醒的认知，因而提出了"维持基本战力，重点发展不对称战力"的政策，大力发展雄风三型反舰导弹等"不对称"武器，试图反制大陆。

表9 《解放军与台军的实力对比》（其中表格左侧为解放军，右侧为台军[2]）

兵力比较项目		大陆	台湾地区
总兵力		约230万人	约22万人
陆地战斗力	陆地兵力	约160万人	约13万人
	战车等	99/A型、98A型、96/A型、88A/B型等，共约7200多辆	M-60A\-48A/H等，约1200辆

[1] 习近平：《在纪念中国人民解放军建军90周年大会上的讲话》，新华网 http://news.xinhuanet.com/politics/2017-08/01/c_1121416045.htm，2017年8月1日。

[2] 日本防卫省防卫研究所编：《中国安全战略报告2017》，第14页，http://101.96.10.63/www.nids.mod.go.jp/publication/chinareport/pdf/china_report_CN_web_2017_A01.pdf，2017年2月。

续表

兵力比较项目		大陆	台湾地区
海上战斗力	舰艇	约 880 艘，150.2 万吨	约 390 艘，21.0 万吨
	航空母舰、驱逐舰、护卫舰	约 70 艘	约 30 艘
	潜艇	约 60 艘	约 4 艘
	海军陆战队	约 1 万人	约 1 万人
空中战斗力	作战飞机	约 2720 架	约 510 架
	现代战斗机	歼-10 347 架 苏-27、歼-11 352 架 苏-30 有 97 架，第四代战斗机合计 810 架	幻影 2000 56 架 F-16 145 架 经国 126 架 第四代战斗机合计 329 架

三、外部势力的介入

以美国为首的外部势力介入，尤其是军事介入，是台海军事态势的又一突出特点。台湾问题之所以迟迟无法解决，最大的障碍就是以美国为首的外部势力的介入，大大增加了两岸统一的难度与阻力。

在新中国成立后的很长一段时期内，以美国为代表的外部势力对台湾问题的军事介入突出表现为直接的军事介入。1950 年 6 月 25 日杜鲁门声明发表后，美国第七舰队驶入台湾海峡，这是美国直接军事卷入台湾问题的开始。此后，美国开始不断为台湾提供先进战机、导弹、舰艇等武器装备，并向台湾派出军事顾问，帮助台军整建兵力。在美国的纵容和支持下，台湾当局不仅仅多次窜犯和袭扰我国沿海地区，并派出 U-2 高空侦察机对我内陆地区进行侦察，加剧了台海军事紧张情势。1979 年以后，随着国际格局和中美关系的变化，美国断绝了与台湾当局的"外交"关系，但仍然以《与台湾关系法》为依据向台湾提供防御性武器。特别是在 1996 年台海危机期间，美国派出航母舰队，加剧了中美间的紧张局势，阻挠了台湾问题的解决。

近年来，随着中国综合国力的提升，中美关系出现新的形势和特点，美国对于台湾问题的直接军事介入出现减少趋势，美国对台湾问题的军事支持主要体现为台湾提供武器、训练人员等间接军事介入上。美国政府也对"台独"保持警惕，不愿意直接介入台海军事冲突，例如，在陈水扁执政时期，面对陈水扁的"台独"举动，美国方面对其进行了一定程度的制约。

美国之所以不愿直接卷入台海军事冲突，根本原因在于大陆军事实力的强大使得在台海冲突的背景下，美军并无显著的优势，自然迫使美国介入的意愿大幅下降。

记分卡	台海冲突				南沙群岛冲突			
	1996 年	2003 年	2010 年	2017 年	1996 年	2003 年	2010 年	2017 年
1. 中方攻击空军基地								
2. 美军对解放军的空中优势								
3. 美军突破中国领空								
4. 美方攻击中国空军基地								
5. 中方反水面作战								
6. 美方反水面作战								
7. 美方太空对抗作战								
8. 中方太空对抗作战								
9. 美中网络战								

10. 核稳定 （对发动第二轮打击能力的信心）	国家	1996 年、2003 年和 2010 年	2017 年
	中国	低信赖	中度信赖
	美国	高度信赖	

图三 《中美军事记分卡》①

图三是美国兰德公司发布的《中美军事记分卡兵力、地理以及不断变化的力量平衡》报告对于中美军力的打分。从图中可以发现，到 2017 年，在设定的台海作战环境下，美国并未取得绝对的海空优势，双方势均力敌。在此情况下，美国卷入台海冲突会使美国付出较为高昂的代价。因而，在未来的一段时间内，美国尽管仍然是台湾问题解决的最重要外部干扰因素，但是美国直接对台湾问题进行直接军事介入的可能性大为降低。

---

① 美国兰德公司:《中美军事记分卡兵力、地理以及不断变化的力量平衡（内容摘要）》，第13 页，https://www.rand.org/content/dam/rand/pubs/research_reports/RR300/RR392/RAND_RR392z1.zhs.pdf。

第八章 "台独梦"对撞"中国梦"

当台湾的分离主义势力在经历了李登辉执政 12 年，以及陈水扁执政 8 年后仍然无法实现"台独建国"迷梦之际，民进党在台湾地区迎来了第二次执政，而且这一次是全面执政，民进党全面掌控台湾地区的政治、经济、社会、军事等资源。"独派"势力自然欢欣鼓舞，信心大为提升，然重新执政后的蔡英文当局却发现要实现"台独"梦，恐怕并没有想象中那么简单，其原因就在于当"台独梦"遭遇到中国梦时，"台独梦"将压力巨大，注定不会有任何成功的机会。

第一节 中国共产党提出"中国梦"

中国共产党第十八次全国代表大会以来，中共领导人多次提出"中国梦"的伟大构想。2012 年 11 月 29 日，习近平带领新一届中央领导集体参观中国国家博物馆《复兴之路》基本陈列时指出："实现中华民族伟大复兴，就是中华民族近代以来最伟大的梦想。"[1]2013 年 3 月 17 日，习近平同志在十二届全国人大一次会议闭幕会上进一步指出："实现中华民族伟大复兴的中国梦，就是要实现国家富强、民族振兴、人民幸福。中国梦归根到底是人民的梦。"[2] 中国梦高度升华了中国共产党的执政理念，是今天中华民族和中国人民理想的集中体现，已成为激励大家积极投身中国特色社会主义伟大实践，推动当代中国发展进步的高昂旋律和精神旗帜，成为国家文化软实力的重要组成部分。

中国梦的结构，不但是与中国过去、现在与未来相接的纵向结构，也是彰显经济、政治、文化、社会、生态与人的全面发展相适应的横向结构。中国梦

---

[1] 《习近平等参观〈复兴之路〉展览》，《经济参考报》，2012 年 11 月 30 日。
[2] 《习近平在第十二届全国人民代表大会第一次会议上的讲话》，《人民日报》，2013 年 3 月 18 日。

是一个综合、全面的概念，其内涵包括强盛中国梦，法治中国梦，文明中国梦，和谐中国梦，美丽中国梦，幸福中国梦，这是一个呈现立体结构的中华民族伟大复兴的中国梦。中国梦的核心主要有两个面向：一是以经济建设为中心，提高市场化水平，建设强盛中国。改革开放四十年中国经济发展所取得的巨大成就，为实现中国梦提供了丰厚的物质基础和条件。二则是以民主政治为保障，加快法治化进程，建设法治中国。革命救国梦，民族独立梦，人民当家做主梦，执政兴国梦，中国特色社会主义法律体系梦等等正在逐步实现，中华民族和中国人民在过去一百多年里所憧憬的美好愿望与梦想正在一个个被实现。

一、中国梦的内涵

2012 年 11 月 29 日，习近平总书记在参观《复兴之路》展览讲话时首次提出"中国梦"。此后，无论在国内还是在国际场合，习近平总书记都反复阐释"中国梦"。"中国梦"的内涵都有哪些内容？

（一）民族复兴的梦

每个人都有理想和追求，都有自己的梦想。现在，大家都在讨论中国梦，我以为，实现中华民族伟大复兴，就是中华民族近代以来最伟大的梦想。

——2012 年 11 月 29 日，习近平在参观《复兴之路》展览时的讲话

（二）代代相传的梦

这个梦想，凝聚了几代中国人的夙愿，体现了中华民族和中国人民的整体利益，是每一个中华儿女的共同期盼。

——2012 年 11 月 29 日，习近平在参观《复兴之路》展览时的讲话

（三）追求幸福的梦

中国梦是追求幸福的梦。中国梦是中华民族的梦，也是每个中国人的梦。我们的方向就是让每个人获得发展自我和奉献社会的机会，共同享有人生出彩的机会，共同享有梦想成真的机会，保证人民平等参与、平等发展权利，维护社会公平正义，使发展成果更多更公平惠及全体人民，朝着共同富裕方向稳步前进。

——2014 年 3 月 27 日，习近平在中法建交 50 周年纪念大会上的讲话

（四）青年一代的梦

中国梦是历史的、现实的，也是未来的；是我们这一代的，更是青年一代的。中华民族伟大复兴的中国梦终将在一代代青年的接力奋斗中变为现实。

——2017 年 10 月 18 日，习近平在中国共产党第十九次全国代表大会上的报告

（五）植根民心的梦

中国梦不是镜中花、水中月，不是空洞的口号，其最深沉的根基在中国人民心中。

——2015 年 9 月 22 日，习近平接受《华尔街日报》采访

（六）国泰民安的梦

国泰民安是人民群众最基本、最普遍的愿望。实现中华民族伟大复兴的中国梦，保证人民安居乐业，国家安全是头等大事。

——2016 年 4 月 14 日，习近平在首个全民国家安全教育日之际做出重要指示

（七）同心同德的梦

团结统一的中华民族是海内外中华儿女共同的根，博大精深的中华文化是海内外中华儿女共同的魂，实现中华民族伟大复兴是海内外中华儿女共同的梦。共同的根让我们情深意长，共同的魂让我们心心相印，共同的梦让我们同心同德，我们一定能够共同书写中华民族发展的时代新篇章。

——2014 年 6 月 6 日，习近平会见第七届世界华侨华人社团联谊大会代表时的讲话

（八）世界发展的梦

中国梦是中国人民追求幸福的梦，也同各国人民的美好梦想息息相通。中国发展必将寓于世界发展潮流之中，也将为世界各国共同发展注入更多活力、带来更多机遇。

——2015 年 10 月 22 日，习近平在伦敦金融城的演讲

（九）追求和平的梦

中国梦是追求和平的梦。中国梦需要和平，只有和平才能实现梦想。天下太平、共享大同是中华民族绵延数千年的理想。

——2014 年 3 月 27 日，习近平在中法建交 50 周年纪念大会上的讲话

（十）必将实现的梦

我坚信，到中国共产党成立 100 年时全面建成小康社会的目标一定能实现，到新中国成立 100 年时建成富强民主文明和谐的社会主义现代化国家的目标一定能实现，中华民族伟大复兴的梦想一定能实现。

——2012 年 11 月 29 日，习近平在参观《复兴之路》展览时的讲话

从习近平总书记对中国梦的阐述来观察，其心中的中国梦，本身就是一个中国社会全面发展、充分发展的美好之梦。

二、中国梦与实现国家统一

在习近平主席有关中国梦的论述中，非常强调实现国家统一的重要性。2014 年 9 月习近平在会见台湾和平统一团体联合参访团时的讲话，他表示，国家统一是中华民族走向伟大复兴的历史必然。实现中华民族伟大复兴是近代以来中华民族最伟大的梦想。中华民族在探寻民族复兴强大之道的过程中饱经苦难沧桑。"统则强、分必乱"，这是一条历史规律。[①]

习近平在中国共产党十九大报告中明确对台工作的主要宗旨是"推动两岸关系和平发展，推进祖国和平统一进程"，并宣示了对台工作的根本目标和主要任务，强调"解决台湾问题、实现祖国完全统一，是全体中华儿女共同愿望，是中华民族根本利益所在。必须继续坚持'和平统一、一国两制'方针，推动两岸关系和平发展，推进祖国和平统一进程。"[②] 这显示，解决台湾问题、实现祖国完全统一，这是中华民族伟大复兴"中国梦"的重要及有机组成部分。否则，这个伟大复兴就不是完美无瑕的。何况，全面建成小康社会、实现"第一个百年"奋斗目标并向"第二个百年"奋斗目标迈进，也必须要有一个内外的和平稳定环境，这当然也包括台海环境，这就要求必须努力维护和推动两岸关系和平发展，反对"台独"分裂图谋。而且，维护和推动两岸关系和平发展，遏止和反对"台独"势力，就是在为最终实现祖国统一创造和积累条件。实现祖国完全统一是"中国梦"的重要组成部分，就与两个"一百年"的"时间表"环环紧扣，不可能无限期地拖下去。

---

① 《习近平总书记对台工作重要讲话专题摘编》，海峡两岸关系研究中心编，2018 年 3 月版，第 5 页。

② 《决胜全面建成小康社会 夺取新时代中国特色社会主义伟大胜利》，《人民日报》，2017 年 10 月 28 日。

习近平在十九大政治报告中强调，实现中华民族伟大复兴，是全体中国人共同的梦想。我们坚信，只要包括港澳台同胞在内的全体中华儿女顺应历史大势、共担民族大义，把民族命运牢牢掌握在自己手中，就一定能够共创中华民族伟大复兴的美好未来。[①] 这体现了"寄希望于台湾人民"的一贯立场。

三、中国梦与台湾的前途息息相关

从习近平关于中国梦的论述来分析，中国梦与台湾的前途是息息相关的。

（一）中国梦的产生与台湾近代的命运密切相关

正如习近平在纪念《告台湾同胞书》发表40周年的讲话中所指出的那样，"台湾问题的产生和演变同近代以来中华民族命运休戚相关。1840年鸦片战争之后，西方列强入侵，中国陷入内忧外患、山河破碎的悲惨境地，台湾更是被外族侵占长达半个世纪。"[②] 特别是1894年爆发的中日甲午战争，最终导致台湾被外族侵占，这是中华民族历史上极为惨痛的一页，也给两岸同胞留下了刻心之痛。而战败赔款和台湾领土的沦丧使中国遭受侵略和凌辱达到高潮，也使中国人普遍产生强烈的民族耻辱感和亡国危机感，仁人志士纷纷寻找救国图强之路。

从戊戌六君子到推动洋务运动的实业家们，从孙中山到毛泽东，一代一代的中华儿女把实现中华民族伟大复兴，实现国家富强、民族振兴视为毕生追潮的目标，这也是近代以来所有中国人的共同夙愿。在包括台湾同胞在内的全体中国人，大家共同的"振兴中华"之梦想中，台湾回归祖国是必不可少的一条。

（二）台湾前途在于国家统一，台湾同胞福祉系于民族复兴

中国梦是两岸同胞共同的梦。在中华民族走向伟大复兴的进程中，台湾同胞定然不会缺席。台湾前途在于国家统一，台湾同胞福祉系于民族复兴。[③] "台湾同胞的福祉离不开中华民族的强盛"。[④] 两岸关系发展到今天，两岸不但文化相通、经济互补趋势日渐明显，特别是台湾对大陆经济高度依存，同时全球化进程日渐深化，多种形式、各种组合的区域一体化正在形成，而一体化进程的

---

① 《习近平总书记对台工作重要讲话专题摘编》，海峡两岸关系研究中心编，2018年3月版，第8页。

② 习近平：在《告台湾同胞书》发表40周年纪念会上的讲话，新华网，2019年1月2日。

③ 习近平：在《告台湾同胞书》发表40周年纪念会上的讲话，新华网，2019年1月2日。

④ 参见2017年4月26日国台办发言人答记者问的相关内容。

日益深化,其趋势及归宿必然是国家的统一。换言之,台湾问题因民族弱乱而产生,必将随着民族复兴而终结。这也是海峡两岸关系发展不可逆转的趋势。

1986年9月,美国记者华莱士曾问过邓小平一个问题:"大陆现在的经济发展水平大大低于台湾,为什么台湾要同大陆统一?"邓小平回答说,第一,从鸦片战争以来,中国的统一是包括台湾人民在内的中华民族的共同愿望;第二,台湾不实现同大陆的统一,台湾作为中国领土的地位是没有保障的,不知道哪一天会被别人拿去;第三,我们实行"一国两制",而且两岸经济发展差距将逐渐缩小。[①]国际上很多人对于以"一国两制"思路统一经济发展差距悬殊的两岸,从合理性到可行性都是持怀疑态度的。其实,毛泽东早在20世纪50年代就认为:台湾归还祖国,实际上是一场政治、军事、经济实力的竞争;周恩来也说过要"求其在我",努力发展自己,为将来的统一创造条件。

如今,中国的发展已形成良好态势,经济总量跃居全球第二,为实现国家统一创造了非常有利的条件。正如习近平同志指出的:"经过鸦片战争以来170多年的持续奋斗,中华民族伟大复兴展现出光明的前景。现在,我们比历史上任何时期都更接近中华民族伟大复兴的目标,比历史上任何时期都更有信心、有能力实现这个目标。"[②]当前,中国可以说正处于千百年来最好的历史时期,国家综合实力大为增强,人民安居乐业,国际地位空前提高,习近平在这个时期向台湾同胞提出"共圆中华民族伟大复兴的中国梦"之诉求,可谓是适逢其时。

四、和平发展是实现中国梦的必由之路

中共十八大报告指出:"实现和平统一首先要确保两岸关系和平发展。"习近平说:"实现中国梦必须走中国道路。"由和平发展到和平统一是由两岸关系本身的特性所决定的。在两岸关系和平发展进程中必须要坚持以下方面:

(一)坚持中华民族的整体利益

民族复兴、国家统一是大势所趋、大义所在、民心所向。一水之隔、咫尺天涯,两岸迄今尚未完全统一是历史遗留给中华民族的创伤。广大的台湾同胞都是中华民族一分子,应认真思考台湾在民族复兴中的地位与作用,要坚持中华民族的整体利益,从中华民族整体利益的高度把握两岸关系大局,从全民族

---

① 《答美国记者迈克·华莱士问》,《邓小平文选》第三卷,北京:人民出版社,1993年10月第1版。

② 《习近平等参观〈复兴之路〉展览》,《经济参考报》,2012年11月30日。

发展的高度来把握两岸关系发展方向。而维护中华民族整体利益，"最根本的、最核心的是维护国家领土和主权完整"。^①而当前维护国家领土和主权完整，首要的基础就是要"坚持一个中国立场、共同维护一个中国框架"。

台湾前途系于祖国统一，要由包括台湾同胞在内的 13 亿中国人民共同来决定，而不能仅由台湾民众单方面来决定。同时，坚持维护中华民族整体利益，也就是"维护包括台湾同胞在内的全体中华儿女共同利益"，中国梦是两岸共同的梦，两岸的发展是共同的发展，彼此的利益也是共同的利益，两岸的前途才能紧紧连接在一起。

（二）坚持平等协商共议统一

制度不同，不是统一障碍，更不是分裂的借口。"一国两制"的提出，本来就是为了照顾台湾现实情况，维护台湾同胞利益福祉。两岸同胞是一家人，两岸的事是两岸同胞的家里事，当然也应该由家里人商量着办。和平统一，是平等协商、共议统一。两岸长期存在的政治分歧问题是影响两岸关系行稳致远的总根子，总不能一代一代传下去。两岸应该凝聚智慧，发挥创意，聚同化异，争取早日解决政治对立，实现台海持久和平，达成国家统一愿景，让两岸人民在祥和、安宁、繁荣、尊严的共同家园中生活成长。

在一个中国原则基础上，两岸各方可以就政治问题和推进国家统一进程的有关问题开展对话沟通，广泛交换意见，寻求社会共识，推进政治谈判。这充分说明，中国大陆所提出的"一国两制"构想完全是开放的，是希望能够吸纳台湾同胞好的想法与建议。

（三）推进海峡两岸融合发展

两岸同胞血脉相连。亲望亲好，中国人要帮中国人。这是两岸同胞的基本道义和认知之所在。新时代推进两岸融合发展，就需要从以下方面做起：

一是推进两岸经济合作制度化，打造两岸共同市场，为发展增动力，为合作添活力，壮大中华民族经济。两岸可以应通尽通，提升经贸合作畅通、基础设施联通、能源资源互通、行业标准共通。"两岸可以适时务实探讨经济共同发展、区域经济合作进程相衔接的适当方式和可行途径"，共同应对挑战、共享机遇。

二是两岸加强合作，共享大陆全面深化改革带来的新机遇。习近平表示

---

① 《习近平会见中国国民党荣誉主席吴伯雄时的谈话》，2013 年 6 月 13 日，参见《习近平总书记对台工作重要讲话专题摘编》，海峡两岸关系研究中心编，2018 年 3 月版，第 27 页。

"愿意首先同台湾同胞分享大陆发展的机遇",并指出大陆全面深化改革和扩大对外开放"为两岸经济合作带来强劲动力和有利条件",随着各个自贸区以及丝绸之路经济带、21世纪海上丝绸之路、"一带一路"等建设的陆续启动,两岸合作将更深地融入经济一体化进程中,两岸共享改革和发展红利的大好前景亦将徐徐展开。

第二节 "台独梦"的困境

与"中国梦"相对,台湾社会也有一些政治势力及政治人物并未放弃"台独"主张,也有一个所谓的"台独"迷梦。如果从辩证唯物主义的逻辑从发,"台独梦"的出现自然有其特定的历史背景,也可以说是台湾社会发展到某一阶段所出现的产物。它主要是在两岸高度对抗,外部势力介入台湾问题的特定时空背景下产生。而随着两岸关系走向缓和,特别是两岸民间交流开启之后,尤其是大陆经济实力的显著增强,综合实力的大为提升,中国的发展模式已为两岸人民,特别是台湾民众自觉融合大陆提供了新的可能与发展机遇,"台独"的未来注定是一条走不通的死路。当两岸早已由过去的制度之争、意识形态之争转向为两岸的治理绩效之争的形势下,台湾岛内少数持"分离主义"主张者,仍然以"台独"来绑架岛内民意,当然注定是无法实现之幻梦。

一、"台独梦"的困境

台湾一部分政治势力及政治人物所念念不忘的"台独梦",其出现当然有其客观的背景,但一旦当这个环境发生变化,其合法性、合理性自然不复存在,这也是"独派"势力推动数十年而终无法实现"台独梦"的困境所在。

第一,"台独梦"与中国人传统观念中的大一统之期待存在根本的冲突。

诚然,从海峡两岸的现实来观察,两岸自1949年以来分隔至今已近70余年,两岸之间的差异性客观存在,无论是制度差异,还是生活习惯,都有一定的落差。但有一点却是无法改变,这就是两岸人都是中国人,中国人从春秋战国时期就早已盛行大一统之思想,并影响至今。无论是天下分久必合,合久必分之说,还是大一统观念,都在中国人的心里根深蒂固。台湾虽然长期孤悬海外,与大陆分多聚少,但由于这个土地上的民众长期深受传统儒家思想之影响,传统中国文化及观念相当盛行。"台独"主张虽然在某一个特定的历史时期有其一些市场，但随着两岸时空的变化，台湾主流民意仍然会回到大一统的历史脉络中去。"台独"主张注定无法成为台湾的主流民意取向。

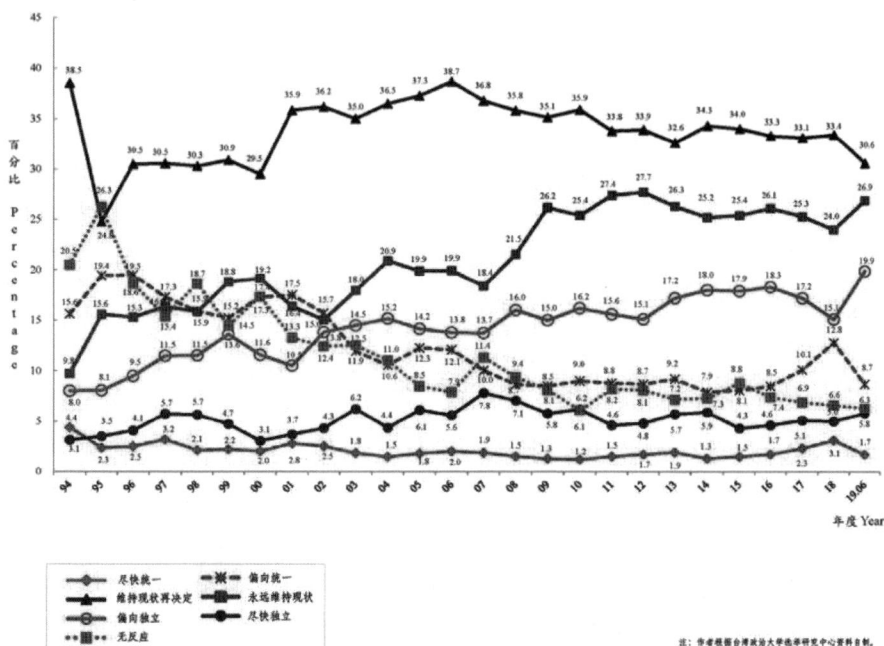

图四 台湾民众统"独"立场趋势分布（1994—2019.06）

从台湾政治大学民意调研研究中心长期跟踪台湾民众的"统独立场"变化趋势图来观察，真正要求马上"独立"的比例仍然不高，特别是经过"台独"分离主义几十年的政治社会化后，台湾多数民众对"独立"的支持度仍然不高，说明民众一方面对寻求"独立"的后果存在较大的顾虑，更与多数台湾民众对"独立"的排斥情结分不开。

第二，"台独梦"的实现在很大程度上要取决于外部势力的强力支持，但在现实国际政治及区域形势下，"台独"势力根本无法取得这种支持。

从世界各国的现实状况来看，能够从母国中分离出来，并最终成为一个独立国家的案例，无一不是外部势力强行介入的结果。如东帝汶之于印度尼西亚，科索沃之于塞尔维亚。这两个小国之所以能够实现其独立梦，主要是与得到外部势力特别是西方国家公开的，甚至利用政治施压、军事干预等强迫的、明火执仗地支持。而"台独"势力无论是过去，还是可预见的未来，都不可能获得这种实际支持的任何机会。

事实上，从世界各国的情形来观察，如果一个国家实力相对削弱，国力严重不振时，外部势力完全有可能透过支持分离主义势力来达到遏制这个国家之目的。上文谈到的科索沃独立事件，除了西方列强在冷战解体后企图压缩俄罗斯战略空间的盘算有直接关系外，更与整个南斯拉夫解体，塞尔维亚面临严重的内忧外患之背景密切相关，塞尔维亚国力不济，面对北约国家的强大军力之打击，不得不眼睁睁地看着科索沃从自己的国土分离出去。换言之，科索沃之所以能够取得独立，其关键并不是该境内的分离主义有多大的民意支持基础，有多大的实力支撑，而在于外部势力的强行介入。这也是国际政治的普遍法则。

而对于中国这样一个正在强势崛起的大国而言，本身就是联合国安理会的成员，在国际政治中拥有重要的政治话语权，在国际社会的影响力非常大。特别是近年来，随着中国经济实力的快速增强和快速发展，中国已成为世界舞台的重要经济、政治中心，世界各国，即使是美国也不敢在中国的核心利益台湾问题上践踏底线。而对于台湾而言，即便是最为依赖的美国等国家，虽然对其表示支持，但也没有与其建立"邦交"关系，只是维持着所谓的经济文化联系而已。而"台独"则事关中华民族的核心利益，大陆不可能让"台独"的阴谋得逞，一旦台湾推动"法理台独"，大陆必然会采取一切的手段加以阻止，甚至包括武力解决的取向也在所不惜。在这方面，美国等国也没有办法去阻止。事实上，美国长期以来，其对于"台独"的立场也是基于不支持的主张。

第三，"台独梦"要实现的另外一个要件就是大陆如果自顾不暇，或者陷入更大的困境，从而让台湾从祖国"独立"出去，显然这也只是"台独"势力的幻想而已。

近代以来，由于中国积弱贫困，中国确实也有不少领土被他国占领，或者从中国版图中分离出去，诸如沙俄占领我国西北、东北边境不少领土，以及蒙古从中国完全独立出去。但这些情形之发生，都是发生在中国积弱贫困之际，自身实力不济，无法顾及其他。而现在形势完全不同，当前中国正是有史以来最为强盛的时期，中国共产党带领中国人民走上了社会主义的发展道路，特别是改革开放四十多年来，中华民族坚持改革开放，坚持独立自立，在经济发展及民族振兴方面取得了举世瞩目的成就。中国可以说正处于其近千年发展最为强大的历史时期，这也是中华民族复兴最有希望的历史时期。当前中国实力的强大，完全不再是清朝、民国时期可比拟之情形。因此，当前中国共产党和中国政府自然不会容许有任何领土从国家分离出去。对于"台独"势力而言,"台独"根本就是死路一条,此路完全不通。"台独梦"注定只是一场无法实现的幻梦而已。

二、"台独梦"的未来趋向

长期以来,"台独"势力确实也一直在做梦。从"海外台独"的出现,一直发展至今,不可讳言,"台独"势力在台湾确实有极大的发展。例如,"台独"运动早期主要是在海外发展,先是在日本,称之为"皇民化台独",后面将美国成为其大本营。而后随着台湾地区政治体制之转型,"海外台独"势力逐渐回到台湾,并与本岛的岛内势力结合起来,继续推动"台独"运动在本岛的发展。特别是经历了李登辉及陈水扁长达 20 多年的发展,"台独"势力借助本土化之掩护,成功在台湾地区有所成长,并积累了一定的政治能量。特别是"台独"势力利用绿营两次执政所获得的在政治、经济上的权力与资源,在岛内大肆掀起"去中国化"运动,人为隔阂两岸的历史及情感等联系,在这些方面还是有一定的进展。但是,政治运动发展的前景最终都要取决于整个大历史之发展轨迹。"台独运动"虽然有其自身发展之动力,但它仍然要服从于整个中华民族以及中国现代化事业发展之轨迹。

从两岸关系现存大背景来观察,"台独"势力现阶段虽然可以在"去中国化"及争取岛内民意支持等方面着手,但仍然无法改变整个两岸最终趋向统一的历史大方向和大趋势。

(一)在岛内掀起"去中国化"浪潮

随着民进党再次重返执政,"独派"势力强化了"去中国化"浪潮。如针对蒋介石铜像拆除计划,"转型正义条例",废除"课纲微调"等动作,都是"独派"势力"去中国化"的心态在作怪。尽管一直在纵容"台独"势力推动一波波的"去中国化"活动,但也无法改变两岸同属一中的政治现实。而疯狂的"去中国化"运动,只会在台湾岛内掀起强大的抵制浪潮,最终都要由"独派"自己来承担苦果。

(二)在岛内不断强化民意支持

"台独"势力对民众进行政治和意识形态之灌输,特别是对台湾年轻人群体进行思想洗脑,并达到了一定的效果,获得了一定的民意支持基础,但问题是,无论是"天然独",还是"自然独",台湾能否"独立建国",并不只是取决于台湾民意之决断,而是由两岸中国人来共同决定。这才是问题的根本。台湾作为中国领土之神圣部分,其未来走向是要当全体中国人来决定其前途。而非少数"台独"势力所能决定的。因此,"台独"能否成功,与岛内民意是否支持无关,完全没有必然的联系。

第三节 "中国梦"与"台独梦"的对撞

一、为何对撞?

中国梦与"台独梦"是完全对立的关系,或者说完全是不可调和的矛盾。二者只能取其一。我们不可能允许"台独",并且视台湾为中国领土之不可分割之一部分,当然不会允许"台独"将台湾从中国领土分离出去。国家领土的不可分离性,是一项普遍的国际共识和普世价值。从台湾内部"统独民意"来观察,真正支持台湾从祖国完全分离出去的"台独"势力,其民意支持度并不高,也不是台湾社会的主流民意。

从国际关系中的案例来观察,任何一个国家之一部分要从母体中分裂出去,自然会与中央政府相冲突。因为这种矛盾不可能化解,是根本性冲突。例如,苏格兰要从英国分离出去,也遭到了欧盟、美国及英国的反对。最为典型的案例,就是西班牙的加泰罗尼亚独立公投案。加泰罗尼亚部分持分离主义路线的政治上层人物挑动分离情绪,试图将加泰罗尼亚从西班牙分离出去,但遭到了西班牙中央政府的极力反对,欧美国家也纷纷表示反对,而推动加泰罗尼亚分离运动的政治领袖目前都遭到了西班牙的司法和政治审判。这说明无论是在西方还是东方社会,都对国家的分离主义势力持高度警惕之立场,都不允许国土之分离。

而"台独"势力要将台湾从中国领土分离出去,大陆肯定不会允许,双方的矛盾完全没有任何商量之余地,也就是说,主张中国领土的"中国梦"必然与要求台湾分家的"台独梦"是完全对抗的,其冲突不可避免。

二、怎么对撞?

如果台湾当局企图绑架台湾民意,用所谓的"台独梦"来对抗"中国梦",

当然会使两岸最终撞车，台海情势也将一发不可收拾。

大陆必然要加予反制，在政治、经济、军事及国际层面加以反制，同时要推动寻求国家最终实现统一的步骤和制度安排。而在这一推动过程中，如果"台独"势力冒险主义抬头，公然制造"台独"事变，包括推动"法理台独"，大陆当然不会排除用非和平手段加以遏制，加速两岸统一的进程。在这种过程中，如果外部势力介入，特别是美国以军事支持"台独"势力，则必然会引发中美两国的军事冲突，而大陆面对国土分离之危机，自然没有任何的退路，甚至有可能不惜与美国爆发冲突，也要全力阻止台湾从中国领土分离出去的后果出现。

如果发生这样的情形，当然是两岸之悲。

第九章 "台独"风险的类型与危害

尽管"台独"势力面临内外的困境，正如陈水扁所言，"实现不了就是实现不了"，但"独派"势力并不甘心，也不甘愿接受失败的命运。从"台独"风险的大小程度来分析，大致可以分为低度风险、中度风险以及重度风险等三个面向。

第一节 低度风险

何为低度风险？在低度危害阶段，两岸尚不会撕破脸，但两岸会各自做各自的事情，不会顾及对方。两岸都会从自己利益的最大考虑出发，来看待两岸关系。在这一阶段，由于双方都不太可能会直接碰及对方的底线，因此，两岸关系只会是僵而不动的状态。就台湾不同政党执政而言，国民党执政时期，由于两岸在反对"台独"的问题上有重要共识，两岸有一定的互信基础，两岸即便是风险存在，只会是低度风险。蓝营执政下，两岸爆发低度和中度的风险的可能性存在，但重度风险的可能性较小。尽管如此，但低度风险的危害性存在，对两岸关系及台海局势的负面影响不容忽视。换言之，两岸没有实现最终统一，两岸无法就政治互信达成最低程度的共识，台海及两岸关系的低度风险始终存在。就总体而言，低度风险主要涉及的范畴还是两岸互动的社会交流层面。其特征主要表现在以下方面：

一、两岸关系正常化难以实现

在两岸缺乏最为基础的互信下，当然使两岸关系正常化难以为继。海峡两岸自 1949 年以来，隔海对立至今，两岸关系互动一直没有实现正常化。中间历经 20 世纪 80 年代中后期的民间交流之开启，两岸打破隔阂状况，双方在经贸、社会、人员往来等领域取得了重大的进展，但两岸关系全面正常化仍然没有形成。

何为两岸关系全面正常化？简言之，就是两岸在政治、经济、社会等各项领域的交流正常化，双方没有根本性的分歧，双方对两岸关系的发展前景有基本一致的共识作预期。换言之，在两岸关系全面正常化状态下，台湾方面不会朝"台独"的方向迈进，大陆对台湾方面的两岸政策感到放心。双方也会对两岸关系的一些分歧都会坚持同理心的角度来看待。两岸之间即便偶尔有所争执，但两岸也能很快化解歧见，两岸关系不会受到任何实质性的影响。在两岸关系正常化下，两岸之间基于互信基础，会建立起一系列的沟通协商机制来加以保障，海协会与海基会的互动机制，国台办与陆委会两个部门及其负责人的联系机制等，都会进行良性互动，密切交流，并成为稳定两岸关系的重要保障机制。

而由于民共两党之间缺乏最为基本的互信，民进党不放弃分离主义的坚持，当然会使大陆对民进党及其内外政策、两岸政策心存怀疑，双方互信无法实现，两岸关系正常化完全没有实现的条件。

事实上，过去几十年以来，两岸关系一直没有实现完全的正常化。即便在两岸关系大跃进的马英九时期，开启了两岸关系大和平、大发展、大合作的新局面，但两岸关系仍然没有实现正常化，一方面源自两岸关系虽然有"九二共识"的政治基础，可以开展一定程度的合作，两岸朝正常化关系发展大大迈进了一步。但毕竟两岸分离太久，需要时间去化解，二是两岸关系仍然存在民进党等绿营势力的阻挠，包括两岸服贸协议等都是在绿营的阻挠下没有实现。

而民进党上台后，没有"九二共识"为后盾，两岸关系自然每况愈下，两岸关系全面正常化的难度无疑大增。两岸关系非但没有进展，反而有可能会更为限缩，无疑为给我们更大的挑战。

二、两岸交流会受到一定程度的负面影响

在这种情势下，两岸民间交流虽然不会全面停止，但对两岸交流仍然会产生一定程度的负面影响与牵制。

例如，比较 2017 年与 2016 年赴台的大陆游客之数据，就可以发现，由于两岸关系降温，两岸大环境不好，也让大陆游客的赴台游全面降温。根据台湾地区"交通部"观光局所统计的资源，大陆游客从 2016 年 5 月开始，连续 10 个月都呈现负成长。与前一年同期相较，到 2017 年 3 月，大陆游客这 10 个月

以来已经减少 129 万 3328 人次。尤其是 2017 年 2 月农历年假期，赴台大陆游客人数从 2016 年的 40 万人次，减少为 2017 年的 20 万人次，腰斩的结果就是，相关的旅游、餐饮、零售等消费产业。过去在过年时忙到无法休息，现在却可看到大批游览车停在路边休息，餐厅、纪念品、特产店等因等不到陆客而歇业甚至倒闭。近日更惊闻过去天天都卖得火热的凤梨酥业者，因陆客不来而将过期产品改标的行为。不光是对外参与国际组织，台湾旅游业也受到冲击，陆客呈现萎缩现象。原本人声鼎沸的南投日月潭，陆客不见了，日月潭茶叶蛋商贩过去日销 7000 个蛋，但最近两个月每天大概只卖到 700 个。

据旅游业指出，2014 年陆客为台湾带来 2186 亿元（台币，下同）收入；2015 年估计全体陆客带来的"外汇"收入约为 2310 亿元，其中观光团首度突破 1000 亿元大关。可是去年蔡当局上台后情况急转直下，"南向政策"鼓励东南亚游客，但消费情形比起陆客的手笔天差地别。游览车业者在缺乏陆客的情况下，因车辆过剩，已有卖车转业的连锁效应出现。

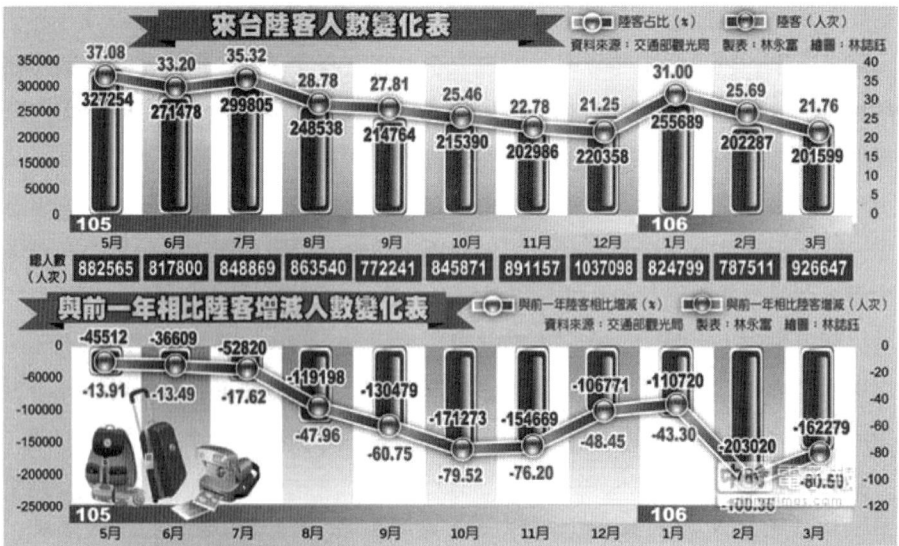

图五　赴台大陆游客人数变化表（台媒统计 2016、2017 年数据）

第二节　中度风险

在中度危害阶段，随着风险和危机的升级，两岸关系互动中就会出现一些带有情绪性报复性对方的事件出现，但也不至于翻脸。两岸在政治、军事及经济等面向的博弈程度会加剧，形势会朝继续冲撞的方向迈进。一般而言，绿营执政下，由于绿营不放弃"台独"主张，台海爆发中度及重度风险的可能性客观存在。

一、中度风险的范围

"台独"风险的中度危害，其范畴主要体现在政治领域。如果说低度风险的范畴是社会交流层面，那么中度风险的范畴则是政治层面。政治分歧和争执是两岸关系的核心所在。"台独"所引的两岸关系之中度风险，会对两岸关系的政治面向产生较大的冲击和影响。其主要表现就是两岸的政治互信难以形成。

民进党的"台独党纲"至今没有废除，也没有冻结之积极的政治动作，这无疑是两岸，特别是中国共产党与民进党两个政党之间无法累积互信最为主要的根源所在。对于大陆而言，一直视台湾为中国无可分割领土之一部分，其神圣性不言而喻。而民进党重新执政后，仍然不愿意去处理其"台独党纲"问题，不愿意放弃分离主义的意识形态，大陆必然不会与一个坚持要把台湾从中国领土分离出去的政党打交道。这也是民共之间始终无法开展正常党际交流的原因所在。从这个角度来说，民进党的"台独党纲"及其分离主义意识，是阻止民共之间以及两岸之间互信建立的最大障碍。

止是由于缺乏政治互信，双方在观察对方的动作和言行时，都格外放大检视，甚至不可避免会用一种带来情绪性的、没有任何信任度的心态。毕竟海峡两岸事无小事，既有历史的悲情纠结，也有现实的利益考虑，更有外部因素之介入，还牵涉两岸民意情绪之发展，其敏感度无以复加，而在政治互信全无的情势下，双方互动之情形自然可以想象。

以 2016 年民进党重新执政后的两岸关系发展情势为例，就可见其端倪。诚然，在民进党上一次执政的陈水扁时期，两岸关系动荡不安，台海危机不断，其原因当然可以归咎于陈水扁政治性格的反复无常，甚至以激进的"台独"政策来挑衅大陆，最终使两岸情势相当危急，连美国也对陈水扁的冒进两岸政策加以阻拦。而蔡英文上任后，其一直标榜将维持两岸现状之政策，并强调自己将奉行不挑衅，低姿态的两岸政策，但为何两岸关系仍然持续走不出僵局？两岸走向对抗的趋势似乎也不可避免。按理说，蔡英文的政治个性与陈水扁有较大的差异，但两岸关系互动的情形却大同小异，民进党新当局仍然无法解开两岸对抗之症结，这是为何？不但民进党内部不少人无法理解，即便是普通民众也无法究其原因。当然症结就在于"九二共识"，在于一个中国原则。

民进党长期坚持"台独"分裂政策，大陆对其缺乏最为基本的信任，而该党又不愿意在"台独党纲"这个问题上进行任何有正面意义的处理，也没有相关的善意展现，当然大陆对民进党没有办法信任，这才是问题之根本。就民进党而言，虽然重新执政后没有推行激进的"台独"动作，也高喊"维持现状"，但并没有就何为现状？两岸关系的性质为何？以及对"台独"的真实态度是什么等都没有进行清晰的说明，大陆当然不放心。就两岸关系而言，双方如果有信任的话，任何事情都好谈，都好办，如果双方缺乏信任，任何事都不好办。可以说，如果两岸之间缺乏政治互信，即便是最为简单的事情，双方也不会有多大的兴趣来配合。诸如非传统安全领域的一些合作都无法有效开展。之所以如此，就是双方以一种对抗的情绪和防范的心态来对待对方。

换言之，由于两岸始终无法形成政治互信，当然会使两岸关系事涉两岸官方互动的诸多事项，都无法有效展开，即便是非常简单的一件事，在两岸关系环境下，也很难进行合作与开展，这就是两岸关系的特质所在。

二、中度风险的特征

（一）两岸在政治上的对抗性明显加剧

虽然政治对抗在两岸关系的漫长历史中并不稀奇，或者说它本身就是两岸关系的特质所在。但在绿营重新执政下，两岸在政治上的对抗性明显加剧，其后果主要就是两岸过去互动所累积形成的沟通机制无法开展运作。

在两岸过去二十多年以来的互动实践中，两岸自身逐渐形成了一整套有效地防范危机与冲突的相应运作机制，诸如海基会与海协会的沟通协商，以及国台办与陆委会负责人及机构之间的热线机制等等，这些管道和机制都为两岸之间化解分歧，累积互信奠定了重要的作用，发挥了关键的角色。可以说是两岸稳定的重要机制之一。但随着民进党重新执政后推翻"九二共识"，两岸互信基础完全丧失，当然也使两岸之间早已存在并发挥重要作用的运作机制陷入停摆状态，甚至两会之间的传真机也只是"有读不回"的状况。为何出现这样的情形，当然是两岸在政治上的对抗明显加剧之后果。在两岸政治对抗加剧之时，两岸对抗的情绪明显占据上风，非理性的情绪对抗自然出现。

（二）两岸在涉外领域的冲突明显加剧

两岸在政治领域的对抗之上升，其后果必然会体现在涉外领域的角逐与冲突。蔡英文上台后，两岸在涉外领域的对抗较之前的马英九八年执政时期，其情形有了翻天覆地的变化。马英九执政时期，台湾当局奉行"外交休兵"战略，两岸在"九二共识"的政治基础上，双方在涉外领域的对抗程度明显降低。台湾不但可以参加 WHA 等组织，而且两岸在"邦交领域"的争夺也明显降低。在整个马英九执政时期，两岸围绕台湾"邦交国"事情上基本上没有动作。

而到了蔡英文时期，两岸在这个领域的对抗明显上升。

一是在"邦交国"的争夺上，蔡短短两年执政，就丢掉了 5 个"邦交国"，分别是圣多美和普林西比、巴拿马、多米尼加和布基纳法索等 5 个台湾的"邦交国"与中华人民共和国建交。目前，台湾仅剩 17 个"邦交国"。可以说，蔡每年掉两个"邦交国"，这个情形在过去还是比较少见。

二是在有关台湾参与国际组织方面，也受到很大的影响。在马英九时期，台湾得以参加世界卫生组织大会，这是台湾自 1971 年退出联合国以来，时隔 38 年之后首次参加该组织的大会。而且一参加就是 8 次。但蔡英文上台后，由于拒不接受一个中国之原则，台湾方面就无法直接参与 WHA，而且也无法参加过去在马英九时期可以进去的国际民航组织及世界卫生组织等活动。两岸在台湾参与国际组织方面的冲突明显又强化了。

三是在台湾驻外机构的名称方面，两岸也展开了角力。台湾在不少国家及地区的驻外机构名称，都被要求去掉"台湾"或"中华民国"等字样，只能用台北字样等。

四是两岸在国际社会跨国企业方面，如航空公司、国际酒店等方面的冲突再起。大陆要求国际航空公司及酒店严格遵循"一中"原则，在其网络网站上将台湾标为中国之一省等要求，都表明两岸在国际社会的冲突再起。

第三节　重度风险

重度风险是指两岸有可能爆发直接军事冲突与危机事件的概率不小。在冷战时期，两岸虽然高度对峙，敌意很强，但在美苏两极体制下，海峡两岸的行为始终被牵制在冷战结构之下，台海爆发重度危机的可能性不大。但进入 20 世纪，随着中国综合实力的快速增强，已成为重要的国际力量。特别是随着中美战略对抗的不断加剧，以及"台独"势力的日益挑衅，台海危机的风险更为险峻，引发重度台海危机的可能性大增。

从引发重大危机与风险的角度来看台海冲突，由"黑天鹅事件"或"灰犀牛事件"引发台海区域重大风险的可能性无法排除。"黑天鹅事件"（Black swan event）指非常难以预测，且不寻常的事件，通常会引起连锁负面反应甚至颠覆。一般来说，"黑天鹅事件"是指满足以下特点的事件：它具有意外性并且会产生重大影响；虽然它具有意外性，但人的本性促使我们在事后为它的发生编造理由，并且或多或少认为它是可解释和可预测的。换言之，"黑天鹅事件"多指发生概率极低，但其后果却非常严重的小概率事件。"灰犀牛事件"是指太过于常见以至于人们习以为常的风险。任何危机事件都有其发生发展的一个进程，只要对危机出现的苗头加以重视，就有可能避免，但如果因为大意，则有可能会引发重大的潜在危机。换言之，"灰犀牛事件"多指大概率且影响巨大的潜在危机和风险。而就海峡两岸关系而言，无论是"黑天鹅事件"还是"灰犀牛事件"都有可能爆发。

就台海局势而言，其重度风险的原因主要体现在以下两个：一是外部事变，使台湾问题的性质和现状发生重大的改变。台海形势急剧直下，一发不可收拾。有可能爆发重大的危机与风险。主要是指美国因素。美国因素的介入有可能会加剧两岸的对抗风险。美国特别是亲台势力通过的一系列法案，都有可能改变台海现状，酿成两岸之间的直接冲突和对抗。二是"台独"事变。"台独"势力公然挑衅底线，宣布"建国"或其他导致两岸现状的动作，也可能会引发重大风险。"台独"所引发的重度风险除了政治领域外，主要还是体现在军事安全领域的严重对抗。其对抗程度严重超过社会、政治等领域。

2005年3月14日中华人民共和国第十届全国人民代表大会第三次会议通过了《反分裂国家法》。其中第八条的规定为："'台独'分裂势力以任何名义、任何方式造成台湾从中国分裂出去的事实，或者发生将会导致台湾从中国分裂出去的重大事变，或者和平统一的可能性完全丧失，国家得采取非和平方式及其他必要措施，捍卫国家主权和领土完整。"如果台湾出现《反分裂国家法》所标出的事态，大陆必然会以非和平方式来解决台湾问题，非和平手段自然也属台海区域的重度危机与风险之范畴。就两岸关系及台海局势而言，所谓的重度风险主要指以下类型：

一、两岸爆发武力冲突

单就两岸关系的现状之本质而言,海峡两岸其实还是处于内战的界定。虽然 1949 年是国共阵营,现在是两岸双方,主体似乎有变化,但问题的本质并未改变。由于两岸至今都未签署停战协议或和平协议,两岸爆发直接冲突的现实可能性客观存在,特别是随着"台独"势力的激进与冒险,两岸爆发直接的武力冲突之可能性客观存在。

如果两岸爆发直接的武力冲突,尽管台军与大陆的实力存在一定的落差,或者说不是大陆的对手,当然也不能太低估台军的实力,毕竟台军自 1949 年以来,持续七十年在军事上防范大陆军事攻台的准备一直不曾间断,还是积累了一定的非对称实力。

在两岸民意的对抗下,以及外部势力的介入下,两岸一旦发生武装冲突,最有可能的后果,就是大陆有可能会尝试以武力收复台湾,从而实现国家的最终统一,虽然近几十年来两岸关系特别是台海局势大体稳定,但毕竟两岸尚未实现最终统一,台湾问题已拖了七十年,对大陆而言,也确实需要动手处理了。是故,最终无论是先夺外岛,再夺本岛,还是武力军事封锁台湾海域,都有可能是大陆的计划之内。

当然两岸关系如果到了这一地步,也算是没有办法的办法。毕竟大陆不可能接受台湾从中国国土分裂出去的政治后果。如果两岸发生重大的武装冲突,其理论上的后果当然无外乎以下三种情形:情形之一是大陆武力收复台湾,两岸重归统一,这是可能性最大的结局。情形之二是如果美国直接军事介入,甚至美军进入台湾本岛,成功阻止大陆攻台,台湾有可能借机宣布"独立"。情形之三是在冲突和危机之中,在国际势力的介入与调停下,两岸继续"维持现状"。

二、台海爆发重大危机事件

台海重大危机事件虽然未必会引发两岸的直接武力冲突,但其后果也不能低估。而在当前两岸实力悬殊,大陆民众要求实现国家统一的情绪更为高涨的情势下,台海如果发生重大危机,则有可能迅速演变为两岸之间爆发直接的军事冲突,其可能性当然存在。

例如,美国军舰停靠在台湾。或者美国公开邀请蔡英文访问美国,都有可能会引发台海的直接军事对抗。早在 1995—1996 年,台海之所以爆发重大危机事件,主因就是美国方面同意李登辉访问美国,引发了大陆的强硬反弹。大陆在台海试射了导弹。美国的军事也有所介入。这次危机之后的二十多年里，中美两国都谨慎对待台湾问题，美国也知道台湾问题的敏感度，但时隔20多年后，美国国内反华势力不断抬头，企图将台湾视为对抗大陆的筹码，近期美国国会通过的一系列的如美国军舰停靠台湾，台湾旅行法等法案，试图提升美台的实质关系。这必然会引发中国的极大反弹，台海危机与风险的可能性正在上升。

第十章　民共为何缺乏互信？

长期以来，民进党与中国共产党之间为何无法建立起互信，开创两岸关系的新局面。民进党成立于 1986 年，至今在台湾地区已经实现两次执政，民共之间打交道也有经年，为何无法建立互信呢，其根源就在于双方对台湾问题的未来走向存在重大而根本性的分歧，民进党是希望将两岸导致分裂、两个国家的方向迈进，而共产党则是希望能够最终实现海峡两岸的统一。民共之间对两岸关系前景的南辕北辙之立场，当然无法建立起最低程度的共识和互信。在这种情势下，双方的对立自然无可避免。

为什么没有民共关系？最大的问题在绿营，由于深绿拥有强烈的意识形态枷锁。民进党在政治上标举"反中""仇中"，从而使自己失去与对岸交手、对话的立场和机会；不仅如此，它还借此杯葛、拉扯与丑化蓝营与对岸的交往和交涉之努力，甚至假装两岸关系是台湾不需要处理与面对的一块。台湾近年来日趋自我闭锁，正是受到民进党及"台独"势力长期"反中"论述的牵引所致。民进党因无法在两岸关系中找到自己的着力空间，又困于政治立场不知如何参与两岸对话，就把两岸关系转化成岛内政争的主要武器，用来攻击对手。长期以来，两岸议题对民进党的主要意义，只剩下"提供弹药"的功能，专供内斗之用。

第一节　为何没有民共关系？

蔡英文曾在 2015 年 5 月针对当时在上海举办的第十届两岸经贸文化论坛和北京上演的"习朱会"做出回应，声称"两岸关系不是国共关系"。[①] 国民党主

---

① 《蔡英文声称两岸关系不是国共关系》，香港凤凰网，2015 年 3 月 6 日。

席朱立伦反击:"两岸关系不是国共关系,但国共关系是重要的正常的往来,两岸间可有国共关系,当然也可以有民共关系,但我要问,为何缺了这一块?"[1]

自2015年中国国民党时任主席连战访问大陆以来,国共关系已经成为维持两岸关系和平稳定及台海区域稳定的重要因素。它成为两岸关系发展的一个正面力量。国共两党利用这个平台,达成国共论坛以及两岸经贸文化论坛等一系列成果,更为2008年国民党重新执政后两岸关系开创和平发展新局面做出了重要的历史性贡献。马英九上台后,两岸两会重启协商,并签署了20多项协议,实现了两岸领导人的历史性会晤,虽然这些成就与两岸坚持"九二共识""反对台独"密不可分,但也与国共两党的密切互动与大量沟通是分不开的。国共关系已成为两岸关系中的不可或缺的重要一环。

民共两党之间的良性互动关系却长期无法形成,非但不能给两岸关系的互动增加正能量,反而成为影响两岸关系的负面资产。这是民进党当局和这个政党需要反思之处。长期以来,民共关系之所以没有办法形成,主要有以下几个方面的原因:

1. 民进党的大陆政策长期奉行"逢中必反",民共形成共识的氛围不存在

当前国共交流基础稳健,民进党内部却是为了争取深绿选民支持,意识形态上长期奉行"逢中必反",反对"九二共识",但又没法提出明确的有利于两岸关系良性发展的两岸论述,导致民共互信严重不足。蔡英文虽然喊出要维持现状,但对两岸现状的内涵又不愿讲清楚道明白。民进党既想维持两岸的稳定,但又不愿意失去"台独基本教义派",这种想两边讨好的心态,自然不可能达成。对于民进党而言,如果不改变"逢中必反"的旧思维、旧心态,当然是很难与共产党形成最为基本的互信基础。

2. 民进党长期坚持分离主义意识形态,民共没有形成共同的政治基础

民进党早期的党纲是"台独党纲",主张建立"台湾共和国",尽管之后民进党之后有所调整,推出"台湾前途决议文"以取代"台独党纲",但"台湾前途决议文"并未彻底否定"台独党纲",可以说其精神仍然没有跳离"台独党纲"之窠臼,尤其是民进党至今尚未对其"台独党纲"进行政治上的处理,既未废除,也未冻结。"台独党纲"仍然高悬其中。面对民进党对分离主义的坚持,共产党必然不愿意与一个坚持将台湾从中国领土分离出去的政党打交道。

---

[1] 《回呛蔡英文"两岸关系不是国共关系",朱:为何缺民共关系?》,人民日报海外版,2015年5月8日。

这是大陆不可让步的政治底线，也是阻止民共关系互动的最大障碍所在。

3.民进党政治人物与大陆缺乏互动，双方没有直接的沟通管道

长期以来，民进党政治人物与大陆之间没有互动与往来，相互的信任很难建立。由于他们对大陆的了解较少，长期活在同温层，自然无法认识到台湾问题的复杂性与敏感性。

首先是民进党的主要政治领袖与大陆缺乏互动。以蔡英文为例，蔡英文只是在1999年随着辜振甫所率领的大陆访问团，才到大陆过一次，自此以后蔡就再也没有踏上过大陆的土地。而1999年之后的二十年时间，正是大陆改革开放取得历史性成就的二十年，大陆发生了翻天覆地的变化。即便蔡英文为首的民进党政治人物能够通过网络或媒体有所了解，但也毕竟没有最为直接的现实感。这是民进党执政决定阶层所面临的最大困境，对大陆了解不多，还是用旧的思维来看待大陆，来挑衅大陆，当然不能对大陆有一个客观、公正的认识。而民进党的核心人士也与大陆互动缺乏，可以说民进党内的核心幕僚没有来过大陆的比比皆是。这是民进党面临的一个很大问题。包括苏贞昌、游锡堃等从来没有来过大陆，对大陆的认知完全是书本上的知识。即使是陈菊、赖清德等人，来大陆的次数也很少，更别说对大陆有所了解。

同样，民进党的中央委员以及"立委"层级、县市首长地方党部主委等层级与大陆互动也较少，民共之间缺乏整体性的、大规模的互动，对双方的互信积累没有任何帮助。而大陆的各级官员也对与民进党互动的意愿也很低。双方没有互动就没有交集，更不会产生好感，长期下去，只会越发生疏。当然，民进党长期与大陆互动不多，主要还在民进党本身对两岸交流持限制政策，长期以来抵制海峡论坛，把自己与两岸民间交流隔绝开来。这是民进党的重大挑战之所在。

第二节 民共有哪些分歧？

一、在有关统"独"问题上的严重分歧

民共在统"独"问题上的对立和分歧非常明显，这是影响民共关系的最主要障碍。民进党长期坚持分离主义政治意识形态，以"两岸是两个国家"的思维认知出发，其执政时期，在"渐进台独"上不遗余力，"去中国化"动作不

断，无论是陈水扁执政时期，还是蔡英文时期，民进党当局大张旗鼓或纵容"去中国化"。在"台独"意识形态的主导下，民进党对任何涉及"一中"的字眼都极具敏感，排斥两岸未来走向统一的制度性安排。

而大陆则对两岸未来走向统一，实现国家最终完全统一持坚定的立场。对于中国共产党而言，其内心世界认为，两岸之间不是统"独"问题，而是如何实现国家统一的问题，是统一方式和路径的问题，台湾没有"独立"的可能性。因此，大陆对统一坚持的神圣不可侵犯性，与民进党企图推进"台独"目标之间完全是对立的，不可调和的矛盾和冲突。在目标有重大分歧的情势下，民进党为了反制大陆的统一压力，自然积极寻求美国等国际势力的支持，而大陆为了实现对台的和平统一之目标，自然也会出台各项惠台政策，积极争取台湾民心的工作开展。

二、在有关中国历史及文化上的分歧

正是由于民进党坚持分离主义之政治立场和意识形态，故民进党对一切与大陆有关的历史及文化等连接都持急欲去之而后快的心理。

因此，与大陆有关的一切都要进行切割是民进党能够做的重要面向。这就是所谓"非我族类，其心必异"之病态逻辑。包括对中国历史的切割，以中国历史人物的切割，凡是能够佐证两岸是中国人的政治、历史及文化都要切割掉。例如，用东亚史、台湾史来平衡中国史，用台湾文学来替代中国文学等，不一而足，其目的就是希望能够在文化领域、历史领域推动"去中国化"，进而建构"台湾主体意识"。

三、在有关两岸关系未来前景上的分歧

在有关两岸关系未来前景和发展前途上，民共之间存在最为根本性的分歧。民进党的终极目标当然是实现"台独"，将台湾从中国分离出去。这是其不变的追求。当然现阶段能否做到，则是另外一回事，但民进党的目标已经确定。而大陆方面，则是希望在实现中华民族复兴的过程中顺利实现国家的最终完全统一。民共的目标完全对立，不可调和。

四、在有关意识形态上的严重对立

由于两岸社会制度及政治制度存在较大的区别，客观而论，两岸之间有意

识形态之差异也属客观正常之现象。例如，国共两党虽然关系密切，但也存在意识形态之别。但民共之间的意识形态之差异，却是呈现完全的一面。民进党在意识形态上有剑走偏锋之势，奉行比较激进的"反中"情绪，对大陆的发展完全视而不见，凡是大陆的就是不好的。这就会出现较大的问题，会在台湾社会起到相当恶劣的负面影响，甚至会煽动台湾社会对大陆的反感和敌意。

第三节　民共缺乏有效沟通管道

民进党与共产党之间到底有没有沟通管道？这是蔡英文在 2016 年台湾地区领导人选举前后一直被热炒的议题。据美方消息，包括蔡英文本人在内的好几位民进党人士都曾向美方明言或暗示，民共之间存有沟通管道。大部分听者当时都半信半疑。经过最近两岸军事、外交及政治面连出状况以后，仍然相信民共管道存在的人大概所剩无几。长期关心台湾的美国智库人士葛来仪（Bonnie Glaser）近日就公开撰文忧虑"两岸有效可靠沟通管道的缺乏，妨碍了双方建立信任的能力，增加了错估形势的风险。"这句看似老生常谈的话其实隐藏了三个极重要的方面："沟通""信任""错估"。

现在两岸情势紧绷，状况百出，主要原因就是民共既没有互信，也没有沟通，而且常常错估形势。民共之所以没有互信，其实并不难理解。毕竟民进党"反中"（不只是"反共"）已搞了几十年，不可能一下子就会换脑袋。同样地，大陆在看待蔡英文时，也不可能完全相信她，所以双方互信自然近乎零。

当然，没有信任并不表示就没有沟通。冷战高峰时期，美国与中国可以说无时无地没有在斗，但仍不时在第三地的华沙举行面对面会谈，即使绝大多数会谈都以失败结束。因此，当前民共两党缺乏交流与沟通的现象，确实是一件极不正常的事情。

相较于民共缺乏有效的沟通管道，从而导致两岸关系陷入各说各话，有时甚至相互对抗的状态，但是在国民党马英九执政时期，国共之间的沟通管道则相对较多，有效地帮助两岸处理各种危机事件。曾在马英九时期担任"国安会秘书长"的苏起曾公开证实，马英九当局与大陆互动较好，双方已建立起 20 多条有效的沟通管道，除事务性联系管道存在外，也有非事务性的秘密管道。两岸之间的这些管道畅通无阻，即使发生冲突意外，也可以有效进行处理。

因此，沟通管道至关重要。特别是两岸隔离、对立至今已经七十年了，双方不只存在太多的政治鸿沟，而且心理距离也甚远，稍有不慎，就有可能会酿造无法估量的后果。在国民党执政时期，两岸由于存在不少的沟通管道，气氛较好，两岸有一些意外事件倒可以避免，而在民进党重新执政后，虽然两岸尚未出现重大的危机事件，但毕竟民共之间本身缺乏交流，没有互信，双方很容易发生意外，甚至有可能擦枪走火，陷入危机。

例如，大陆军机绕台，大陆航母、军舰绕台等事件不断，而且有可能会持续长期下去，如果台军机伴飞、警戒过程中，则有可能会产生意外事故，进而产生重大危机事件，双方或许就需要有一些沟通管道才行。而以目前两岸关系对抗的局势，很有可能无法处理与收拾上述场景，这或是未来两岸的隐患之所在。

第十一章　美国为何靠不住？

美国靠得住吗？尽管美国是当前世界上国力最为强大的国家，但美国的信誉度并没有与之相匹配，甚至可以说是世界上最不靠谱的国家。美国的行事风格和历史传统都是以最大化美国利益，所谓的盟友都不过是美国实现和增进其国家利益的工具罢了。以海峡两岸关系为例，七十年来美国一直在台海忙乎什么？其答案其实非常简单不过，既不是为了两岸中国人民过上好日子，也不是为了捍卫台湾的利益，而是要谋求和最大程度攫取美国的国家利益。

第一节　台湾民意为何不相信美国？

长期以来，美国基于遏制中国发展之目的，对台湾提供政治上及军事上、安全上的支持。以所谓的"安全承诺"来支持台湾。而正是由于美国在安全上某种程度的支持，也使台湾长期以来得以"以武拒统"，两岸从而长期维持某种"不统、不独、不武"之局面。

尽管如此，但长期以来，台湾社会对于"美国是否会出兵协助（协防）台湾"一事存在较大的分歧，甚至是两极化的看法。我们可以从下面两个民调数据来观察：

民调 1：美台学者开展的"台湾国家安全民意调查"项目

"台湾国家安全调查"（TNSS）是在杜克大学亚洲安全研究计划主持下，由台湾政治大学选举研究中心做的一项科学民意调查。2002 年以来该调查一共做了 11 次，最近一次是在 2017 年 11 月至 12 月期间。本次电话民调成功访问 1244 受访者。

与 TFD 的民调一样，TNSS 的调查试图判断台湾人对"如果台湾与大陆发生战争"的反应。然而与 TFD 的调查不同，这个敏感问题的答案是"开放式"

的，被调查者可以选择自己的答案，而不只是两选一（以及"不知道"）。收到的回答后来被编成 16 个大类。和过去几年的 TNSS 民调一样，其结果令人吃惊。调查发现，36.9% 的人打算观望，16% 的人计划离开，2.2% 的人会躲起来，1.8% 的人会选择投降。另外，6.2% 的人会支持"政府"的决定，4.9% 的人会参军打仗抵抗"入侵"，4.1% 的人会反对"侵略"。好消息是只有 0.1% 的人会自杀，但坏消息是绝大多数人打算"观望""离开""躲起来"或"选择投降"。

但相当令人意外的，是台湾民众对美国军事支持台湾的看法出现转变。TNSS 的数据显示，有史以来头一次，更多台湾民众（43.4%）认为如果台湾宣布脱离中国"独立"，美国不会派军队帮助台湾。具体而言，当台湾民众被问到当台湾宣布"独立"，而大陆武备攻台时，认为美国会或是一定会出兵帮助台湾者有 40.5%，而认为美国不会或是一定不会出兵帮助台湾者为 42.4%；"拒答""看情形""无意见""不知道"的民众为 16.1%。可见台湾民众对于美国出兵"协防"台湾的看法相当两极。如果交叉分析，会发现以下：支持泛绿、本省闽南人、20—29 岁的民众特别认为美国会或是一定会出兵帮助台湾；支持泛蓝、大陆各省市、50—59 岁与专科教育程度的民众特别认为美国不会或是一定不会出兵帮助台湾。换言之，蓝绿以及世代在这个问题上呈现两极看法。

如何看待这个民调数据呢？TNSS 的调查结果告诉了我们什么？台湾的安全有赖于三个支柱：与美国的军事关系，与大陆的稳定关系，一支强大的军队。但支柱必须建立在坚实的基础之上。TNSS 的数据显示，大多数台湾人怀疑这些支柱的结实程度。有史以来第一次，更多的台湾人不再相信如果宣布"独立"美国会来保护台湾。小布什总统执政期间曾向台湾当局多次传递这一信息，但这种警告不被当真。现在看来这个信息终于被接收到了。其次，多数台湾人同意现在两岸关系是"敌对的"，台湾经济因此会受到影响。第三，台湾只有很少的人（12%）认为它的军队有能力打退大陆的进攻。尽管多数台湾人以为，如果爆发冲突，其他人会像从前一样愿意起来战斗，但 TNSS 的数据显示，多数人可能打算另寻出路。

民调 2：台湾民意基金会关于"美国是否会出兵保台"的民调

台湾知名的民调机构民意基金会委托民意研究公司进行电话民调，访问期间是 2018 年 4 月 15—17 日。对象是全台湾 20 岁以上成年人。以住宅电话用户为抽样架，有效样本 1072 人。

此次民调显示约四成七受访者认为美国会出兵"协防"台湾。对于大陆会否用武力攻台，即在"武统"上，民调显示，41.1% 受访者认为不太可能，23.4% 觉得一点也不可能，19.3% 有点可能，6.4% 认为非常可能。也就是说，约 26% 台湾人觉得大陆可能"武力犯台"，近 65% 觉得基本不可能发生。

台湾民众对美国人出兵协防台湾的预期心理。问题问："中共如果"武力犯台"，您觉得美国有没有可能出兵协助（防）台湾？"结果发现：15.9% 非常可能，31.5% 有点可能，23.1% 不太可能，17.9% 一点也不可能，11.6% 很难说。换言之，在二十几岁以上的台湾成年人中，有四成七的人觉得"中共如果"武力犯台，美国是有可能出兵'协防'台湾的"，但也有四成一的人存疑，整体而言，乐观的人比悲观的人多 6 百分点。

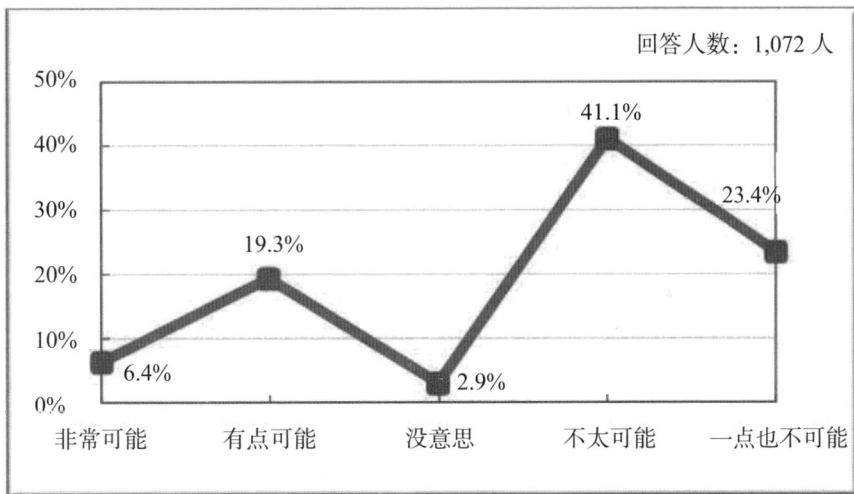

图六　台湾民调对大陆"武统"台湾的预期心理（2018 年 4 月）

从上面两则民调资料来分析，尽管有一定比例的台湾民众认为美国会出兵保台，但更多的民众则对此持怀疑态度，台湾社会内部在这个问题上的两极化的分野，从侧面说明台湾多数民众对美国出兵保台严重缺乏信心。

第二节　美国是靠谱的主吗？

一、美国历届政府基本上都不靠谱

长期以来，美国在国际事务上的做法都是极为不靠谱。苏联解体后，美俄两国的矛盾并未化解，由于两国对国际事务的看法存在重大的矛盾与分歧。双方的矛盾愈演愈烈。美国为首的西方世界为遏制俄罗斯，强化了对俄罗斯的对抗力度。特别是对苏联地区的一些国家，如乌克兰，格鲁吉亚等国参与其与俄罗斯的矛盾之中，甚至在政治、军事等领域强化与这些国家对俄罗斯的敌对行为。从而加剧了俄罗斯与这些苏联国家的矛盾，使其朝不可调和的直接冲突方向发展。而在美国的纵容下，这些国家的民族主义情绪更为膨胀，自恃有美国为靠山，对俄罗斯采取了激进的敌对行为。但也导致了俄罗斯与格鲁吉亚、乌克兰的冲突和矛盾。

例如，俄罗斯—格鲁吉亚战争发生于2008年8月8日至18日。格鲁吉亚和俄罗斯为了争夺南奥塞梯的控制权而爆发的战争。在国际各方的调停下，格鲁吉亚和俄罗斯分别于8月15日和16日在停火协议上签字，俄军于8月18日开始撤离格鲁吉亚，战争结束。格鲁吉亚在西方，特别是美国的支持下和纵容下，过于相信美国的承诺，迅速击败南奥塞梯军队，并一度攻占南奥塞梯首府茨欣瓦利。并袭击驻格俄罗斯维和部队，全然不把俄罗斯军队放在眼中。俄罗斯随即展开军事行动，格军落下了溃败的惨景，格领导人甚至还指望着美军的直接介入，但美国除了频繁的抗议与呼吁外，并没有任何实质的作为。

而对于乌克兰与俄罗斯而言，本身都是东正教的兄弟，文化传统相同。过去几百年本身是一个国家。而在苏联解体后，乌克兰才成为一个独立的国家。俄乌两国的矛盾之所以出现，其原因很多，但与乌克兰过分相信美国等西方国家及其承诺有关。

俄乌关系闹僵的主要原因就是在2014年乌克兰的内政变局有关系。乌克兰国内的冲突爆发，主要是由乌克兰境内的亲美势力，幕后美国政府支持下演变的示威运动，后通过街头抗议活动，以及乌克兰军方倒戈，由俄罗斯扶植的乌克兰亲俄总统亚努科维奇逃亡俄罗斯。从而使亲美的政治势力上台执政。并引发乌克兰境内亲俄罗斯力量的反弹。2014年4月，乌克兰东南多个州地区，当地俄罗斯人和乌克兰亲俄势力在俄罗斯政府的煽动下爆发示威抗议运动，抗议乌克兰亲美势力政变推翻亚努科维奇政权。而乌克兰亲美势力与极端右翼分子则镇压示威者，尤其在西南敖德萨地区，制造流血事件，导致50多名俄族示威者死亡。激起了东南多个州俄族民众的反抗，在5月初演变为武装冲突。乌克兰当局派出军事力量镇压，演变为大规模战争，直到9月初，乌克兰军方损失惨重，多个成建制部队被重创或被打垮，东南地区亲俄反对派也伤亡惨重，在俄罗斯与欧盟斡旋下，双方停火。

但这一事件并未结束，乌克兰的克里米亚共和国于 2014 年 3 月 16 日举行公民投票，公投结果是决定加入俄罗斯。美国表示，美国不会承认克里米亚的全民公投结果。俄罗斯随后同意克里米亚加入俄罗斯联邦，并完成法律程序。

美国之前就曾多次"帮助"乌克兰，而乌克兰目前甚至可以称为"北约申请国"，美国此番更是解除了对乌克兰禁售杀伤性武器的限制，并向乌克兰出售大批武器装备，"标枪"反坦克导弹就是最典型的代表。但美国是真心帮助乌克兰吗？显然不是，美国的动作还是想利用乌克兰来牵制俄罗斯而已，并不愿意帮助乌克兰重新拿回克里米亚，也没有意愿去帮助乌克兰收回东部地区。更为重要的是，美国也不愿意与俄罗斯发生直接冲突。这也是乌克兰问题长期无法得到根本解决的原因，乌克兰由于过于信任美国，也使其陷入丢失国土，内部冲突的惨境。与俄罗斯关系搞僵，不仅使国内的政治斗争激烈，更使自己的经济等无法发展。国家发展陷入更为艰难的境地。而乌克兰政治人物则只能如此，仍然把机会寄托在美国身上。乌克兰亲美的一些政治人物甚至天真地认为，美国是现有秩序的捍卫者，如果牺牲乌克兰的利益来寻求其他利益，这将是世界秩序的终结。克拉夫丘克表示，他仍然对国际准则维护和平的能力坚信不疑。并认为美国不能放弃乌克兰，否则普世价值将破产。这种把乌克兰的未来与美国绑架在一起的做法，当然无济于事。

事实上，以苏联周边地区为例，如乌克兰、格鲁吉亚，这些都涉及到俄罗斯的重大利益，而非美国的核心利益，最后都被美国出卖了，这些国家利益受到重大伤害。不但丢失国土，甚至还使自己的经济发展遭到空前的灾难。使国家陷入重大的短期内无法抹平的困境之中。

二、特朗普更是不靠谱的主

如果说世界头号强国美国的言行多不靠谱，但特朗普更是美国诸多总统中更不靠谱的政治人物。为什么这样说呢，这可以从特朗普的个性及对外政策的表现来观察。

特朗普本身是一个商人，商人从政自然难免以利益的角度来看待问题。他太注重经济利益，政策上时常出现商人那种斤斤计较的气质，爱占小便宜，有一点成绩就沾沾自喜。而且他为了集中精力搞经济，会在国际上不断地进行战略收缩。

具体而言，其美国优先政策主要体现在以下方面：

外交政策上，特朗普政府将关注美国利益及美国国家安全。通过实力获取和平将是其外交政策的中心，这一原则将"使稳定、更加和平与更少冲突及更多共同点的世界成为可能"。打败"伊斯兰国"及其他极端伊斯兰恐怖组织将是特朗普政府的首要优先外交政策。为打败并摧毁这些组织，"只要需要，美国将采取更为积极的联合军事行动"。此外，特朗普政府还将与国际伙伴一起切断恐怖组织的资金、扩大情报共享，并共同推动网络合作摧毁这些组织的宣传及招聘管道。在"重建美国军队"方面，美国海军已从1991年的500多艘军舰缩减至2016年的275艘，美国空军规模也仅为1991年的约三分之一，特朗普将扭转这一趋势。最后，将通过外交推行以美国利益为基础的外交政策。"我们在全球开展外交不是寻求树敌，昔日敌人成为朋友、老朋友转为盟友，我们对这些总是很开心。"从特朗普上任以来表现来观察，美国与很多传统盟友，甚至是几十年的老盟友，都出现了较大的分歧与矛盾。其根源还在于特朗普完全是一个不靠谱的主。

在贸易政策上，特朗普政府将美国工人及美国经济放在第一位，认为只有强硬的、公平的国际贸易协议才能推动美国的经济增长，才能使数百万工作岗位回归美国，才能"复兴深受灾难的美国社会"。这一贸易战略将从撤出TPP以及确保每个新贸易协议符合美国工人利益开始。特朗普将重新磋商北美自由贸易协议(NAFTA)，"如果我们的伙伴拒绝重新谈判"，他将示意撤出NAFTA。此外，美国政府还将严厉打击那些违反贸易协议、伤害美国工人的国家。特朗普将指示商务部部长列出所有贸易违规行为，并动用联邦政府所有可利用的工具来结束这些违规行为。

在就业与增长政策上，为使美国经济回到正轨，特朗普已制定了未来10年创造2500万个新工作岗位，并使美国经济回到4%增长率的大胆计划。该计划以促增长的税收改革为出发点。特朗普计划降低个人所得税、简化税收法、减少企业税等。为保护中小企业等带来的工作岗位，特朗普已建议暂停一些新联邦法规，并让联邦政府机构与部门负责人详细列出并撤销那些扼杀工作岗位的法律。白宫网站称，拥有几十年"达成交易"的经验，特朗普懂得磋商最好的贸易协议对创造就业是多么重要。重新磋商现存贸易协议并对未来协议采取强硬立场，将确保贸易协议能为美国带来好的工作机会及支持其经济支柱——美国制造业。

事实上，特朗普上任以来，其表现就一直不和"靠谱"两字沾边。其实质就是打着"美国优先"的烙印，从"旅行禁令"的全面实施、退出《巴黎协议》和《移民问题全球契约》，再到宣布退出联合国教科文组织，一系列声称"因与美国的法律和政策不一致"而采取的法律行动，都引起了国际社会的普遍担忧。

例如，2017年12月4日，美最高法院发布法令，允许第三版"旅行禁令"在诉讼进行中"全面实施"。法令敦促地方法院"酌情加速"审理有关诉讼案，并表示一旦做出判决，该法令"自动终止"。这是首个"旅行禁令"获准全面实施。对此，美国国内已出现反对声音，认为"旅行禁令"中的"歧视"色彩或进一步激化社会矛盾。在美国国内，"美国优先"口号唤起了狂热情绪，催生出"排他思潮"，加剧了民粹主义蔓延，进一步分化了美国社会。在"美国优先"的刺激下，美国发生了近10年来最严重的"白人至上主义"骚乱，一些极端团体伺机走向政治前台。10月，纽约发生卡车撞人事件，有政治团体渲染袭击者的移民和穆斯林身份背景。这一事件折射出少数族裔和移民群体难以融入美国主流社会的困境。今年以来，美国经历了多起严重枪击事件和恶性袭击。2017年11月5日，得克萨斯州萨瑟兰斯普林斯的一所教堂响起了枪声。凶手凯利因家庭纠纷行凶，当场射杀26人，另有20多人受伤。10月1日，64岁的凶手帕多克事先蹲守在赌城曼德勒海滨度假酒店的房间里，突然居高临下向在附近参加露天音乐会的人们开枪扫射，共造成58人死亡，500多人受伤。

事实上，对于美国的"退群"行为，也使国际社会对美国的信任度降低。"我们退出了"，当地时间6月1日，特朗普在白宫宣布退出应对全球气候变化的《巴黎协议》。特朗普在发布会上说，《巴黎协议》给美国带来"苛刻财政和经济负担"，美国从即日起停止落实这份他认为"不具有约束力"的协议，包括停止落实国家自主贡献目标和停止为联合国"绿色气候基金"提供资金。2015年12月，《联合国气候变化框架公约》近200个缔约方在巴黎气候变化大会上达成《巴黎协议》。2016年11月，《巴黎协议》正式生效。这是继《京都议定书》后第二份有法律约束力的气候协议，为2020年后全球应对气候变化行动做出了安排。这不是美国第一次在应对气候变化行动中"退群"。2001年，时任美国总统布什就退出了《京都议定书》。与那次一样，特朗普政府此举招致多方批评。联合国秘书长古特雷斯发表声明说，美国退出《巴黎协议》让人失望。法国总统马克龙表示，美国退出《巴黎协议》是一个"有损地球未来的错误"，包括法国在内的众多国家将继续坚守协议框架。然而，特朗普的动作并没有结束。2017 年 10 月 12 日，美国国务院宣布，美国决定退出联合国教科文组织。根据相关条款，美国的退出将于 2018 年 12 月 31 日正式生效。2017 年 12 月 3 日，美国国务院宣布，美国决定不再参与联合国主导的《移民问题全球契约》的制订进程，称其"损害美国主权"。此外，特朗普一直威胁要退出伊核协议，并于 2018 年 5 月 8 日宣布退出伊核协议。伊核问题全面协议刚生效两年有余，特朗普此番表态，又将把伊核问题带入不确定的氛围，引发一连串疑问。特朗普接二连三的"退群"决定让世界不解。美国"退群"，是特朗普上台以来"美国优先"价值观的必然结果。特朗普靠激发美国国内的民粹主义情绪上台，其对外政策的核心是"美国优先"。不愿承担对自己没有直接好处的国际责任。这就涉及美国为何如此作为，主要还是美国以自己国家利益为考虑。

第三节　台湾从来就不是美国的核心利益

台湾地区主张"分离主义意识形态"的民进党以及"独派"政治势力长期以来念念在兹的一个观念：大陆不敢把台湾怎么样，美国会保护台湾。这其实只是"台独"势力的自我安慰而已。长期以来，美国确实一直在挺台，但美国挺台的目的并不是要支持台湾"独立"，而是让台湾问题成为牵制大陆崛起的工具罢了。为何如此，这主要是因为台湾并不是美国的核心利益，美国也犯不着在台湾问题上与中国大动干戈。当然，当美国还觉得有利可图时，也不会轻易退出对台湾问题的干预和介入。

国家利益是指一个民族国家生存和发展的总体利益，包括一切能够满足民族国家全体人民物质与精神需要的东西。在物质上，国家需要安全与发展，在精神上，国家需要国际社会尊重与承认。按照利益的重要程度，可以将国家利益划分为核心利益、重要利益和一般利益等。所谓国家核心利益就是指国家利益结构中处于核心位置的部分，涉及国家的生存、独立和发展三个方面的利益需求。生存是国家存在的前提，内容包括保证领土的完整、主权的统一和国家的安全，在统治范围内建立有效的政治和法律秩序，通过有效的资源吸取和分配，为公民提供基本的权利和福利。独立涉及国家的政治自主，主要指国家独立自主地选择意识和政治制度、在政治上拥有排他性的国家方针政策的决策权；发展事关国家国力的增长和民众的福祉，主要是指国家通过把握成长的机会，实现国家在经济、社会、文化等领域的发展目标，不断提升国家在国际体系中的地位。换言之，核心利益是国家利益结构中次序优先、关系全局、不容侵犯的利益，涉及国家的生存、独立和发展。不同的国家对核心利益的界定往往会存在显著的差异，造成这种状况的主要原因在于对核心利益的界定往往是各种客观变量和主观变量综合作用的结果。

国家的核心利益是国家利益结构中处于中心位置的、对国家利益整体影响重大的部分，一般而言，核心国家利益至少具备以下几个特征：

第一，位置优先。国家核心利益一般处于国家利益排序中的优先位置，包括重要利益和一般利益在内的非信心利益只能位居核心利益之后，由于对国家的重要意义的不同，任何国家总是把维护核心利益放在首要的位置。为了确保核心利益不受损害，在特定的情势下，国家可以不惜牺牲一般利益甚至重要利益。在投资投入上，国家的战略资源往往首先被投入在核心利益的维护上，对重要利益和一般利益的资源投入要以确保核心利益为前提。

第二，牵动全局。核心利益是事关国家生死存亡的利益，它在国家利益中处于牵一发而动全身的统领地位。核心利益的实现将有助于国家非核心利益的实现，一旦核心利益遭受严重侵害，国家的非核心利益的维护也就失去了保障。比如国家的政治独立属于核心利益，一国如果丧失了政治上的独立地位而沦为他国的附庸，在处理内外问题时要看他国的眼色行事，依据他国的利益要求选择自己的行为方式，不仅会直接损害国家的尊严，而且也会卖到其自身国家经济利益、文化利益的受损。

第三，不容侵犯。与一般国家利益不同，核心利益一般不容争议、不容干涉、不容侵犯的利益。任何负责任的政府在维护核心利益时一般都会采取立场坚定，态度鲜明。尽管在维护核心利益的具体方式和途径上，国家不排除采取谈判的手段，甚至会在某些具体问题上做出妥协或让步，但其基本出发点在于维护核心利益的整体，更加有效地维护和捍卫核心利益。核心利益之所以具有上述特点，是因为其本身具有不可分割性、绝对排他性和主体单一性。

在主权国家为基本行为体的国际环境中，国家无论大小、强弱都有其核心和国家利益，因此，核心利益在当代国际社会中是一种普遍存在的事实，尽管核心利益维系民族国家的存在，任何国家都十分重视维护核心利益。不同国家对核心利益的认知和界定也有显著的差异，从而使得国家核心利益呈现出明显的特殊性。

第一，目标设定不同。尽管所有国家都把维护国家的生存和发展看作核心国家利益，但由于各国所面临的生存环境存在显著差异，面临的内外挑战也不相同，各国应对挑战的综合国力也有大小之分，在判断威胁生存和发展的具体因素时，不同的国家往往差异很大。

第二，涵盖领域不同。由于世界各国在国际体系中地位和角色不同，各国的国家利益甚至核心利益在全球范围内的分布和构成也有显著的差异。相比较而言，在国际体系中处于主导地位，国家利益在世界范围广泛存在的大国，其核心利益界定所涉及的领域往往较一般国家宽泛，比如，2000 年 7 月，美国国家利益委员会在其广被引述的研究报告中，将美国的核心国家利益确立为五项：防止、遏制及降低核武器、生物武器和化学武器对美国本土及其海外军事力量的攻击威胁；保证美国盟国的生存以及它们在能够促进美国繁荣的国际体系形成上的积极合作；预防敌对大国或在美国边境地区对抗性政府的出现；保证主要的全球体系（贸易、金融市场、能源供应和环境）的可持续性和稳定性；以有利于美国国家利益的方式与可能成为战略对手的国家（如中国和俄罗斯）建立建设性。[1] 从以上的定义中不难看出，美国核心利益所涉及的领域不仅有属于传统安全的大国竞争，还有属于非传统安全的防止大规模杀伤性武器扩散。不仅有维护国家安全因素，还将全球经济秩序的维护也纳入其中。

第三，顺序安排不同。各国会根据自身所面临的问题的性质、危害程度以及应对的紧迫程度，对国家核心利益做出符合自身现实需求的合理安排。不同的国家在核心利益的顺序安排上也有差异。例如，2011 年 9 月发表的《中国的和平发展》白皮书指出："中国的核心利益包括：国家主权，国家安全，领土完整，国家统一，中国宪法确立的国家政治制度和社会大局稳定，经济社会可持续发展的基本保障。"[2] 从排序上看，白皮书把国家主权、国家安全、领土完整和国家统一放在突出的位置。这不仅因为上述四个方面直接关系到国家和民族的生死存亡，而且因为中国至今仍未彻底解决上述四大主题，必然将国家的主要精力和资源长期投放在上述四大课题上。

第四，呈现态势不同。由于核心利益是国家对内和对外战略所追求的最重要的目标，核心利益的界定往往反映了各国不同的战略倾向和战略态势，有的具有防守性，有的则具有进攻性。

---

[1] *The Commission on Americans National Interests,* America's National Interests(July 2000),p.5.

[2] 国务院新闻办公室：《中国的和平发展》白皮书，2011 年 9 月 6 日。http：//politics.people.com.cn/GB/1026/15598628.html。

　　台湾或民进党当局想依赖美国，来与大陆对抗，其结局恐怕比乌克兰、格鲁吉亚等更惨。其原因就在于台湾问题是中国的核心利益，是无法放弃和妥协的核心利益，也是无法用来进行交换或妥协的根本利益。而台湾问题对于美国而言，至多是其在东亚地区的重大利益，完全称不上核心利益。

　　两岸拖了七十年未完成统一，主要还是中美实力对比的不足所致，中国积弱太久，美国利用其实力在两岸获利，而非美国要真心帮助台湾实现"独立"。但问题是现在的台湾，特别是民进党执政当局及绿营方面，一直在台湾社会营造"有美国保护""中共不敢攻打台湾"的心理氛围，从而使台湾社会不少人对于"台独"挑衅的严重后果估计不足，甚至还存在无所谓的心态。

　　台湾当局一直在台湾社会大肆宣称，因与美国拥有相同的民主制度，美国必定会支持台湾，这些其实都是不靠谱的说法。美国政客所宣称的所谓民主及自由等普世价值，都只是为增进美国国家利益的说辞而已，不过是欺骗台湾民众的烟雾弹罢了。事实上，一旦台湾方面违背了美国的意志，美国打脸台湾的场景历历在目。2007 年前后，当陈水扁当局不顾大陆的坚决反对，肆意推动"入联公投"之时，美国开始担心陈水扁的激动冲撞政策有可能会使两岸情势失控，甚至有可能把美国卷入两岸的冲突之中，美国总统小布什公开批判陈水扁，并称台湾从来就不是一个国家。这无疑给了陈水扁当局及"独派"势力一个很大的打击。当前，蔡英文企图倚美自重，无非是想以此来给自己壮胆罢了。

第四节　中国崛起降低美国介入的意愿

　　近年来，美国国内也有不少学者及政治人物发表了不少的"弃台论"等主张，他们认为由于中国的崛起，如果美国无条件继续支持台湾与大陆对抗的话，不符合美国的利益，建议改变美国对台湾的"承诺"，改变台湾在美国安全战略框架中的地位，这些都说明随着中国的日益崛起，美国学界、政界开始正视中国日益强大的现实，尽管"弃台论"尚没有成为美国政府当局的首选，但无可厚非的是，中国的日益强大正在逐渐降低美国对台湾问题的干预力度。

　　事实上，近年来，随着两岸实力差距的日渐拉大，美国国内不少人已经开始看到两岸未来必将走到一起的趋势。这突出表现在美国国内传出了几番"弃台论"的声音。

"台独"风险

1. 约瑟夫·奈

1998年3月8日，美国前助理国防部长，哈佛大学著名国际关系教授约瑟夫·奈（Joseph Nye）在《华盛顿邮报》发表文章支持中国实行"一国两制"政策统一中国。这一主张后来也被称为"奈主张"（Nye Proposal）。①

2. 基辛格

1999年10月25日，美国前国务卿基辛格博士（Henry Alfred Kissinger）曾在日本《读卖新闻》发表一篇名为《防止对峙的方法》的文章，阐述美国不应阻止两岸统一，而应该施压于台湾使其承认为中国一部分，否则长远有可能导致20世纪50年代朝鲜战争中美对抗的重演。2011年，基辛格重申这一观点。②

3. 巴奈特

2006年，美国海军战争学院（Naval War College）教授、五角大楼顾问托马斯·巴奈特（Thomas P.M. Barnett）在其出版著作《行动蓝图：一个值得创造的未来》（Blueprint for Action: A Future Worth Creating）中指出：美国如因为台湾当局领导人想从大陆永久分割出去，就放弃与中国交好的战略机遇，将是巨大的错误。现在以放弃台湾为筹码同中国结成战略军事同盟非常划算。机不可失，如果美国现在不看准时机敲定这笔交易，以后肯定会后悔不已。他认为现在是美国放弃台湾，同中国结成军事战略同盟的最好时机。在亚洲成立类似北约的组织，让中国领头。"我也想一劳永逸地解决朝鲜核问题及东亚的导弹防御问题，为在东亚建立一个北约式的军事同盟清除路障。有了军事同盟后，美国不仅可以将在亚洲的军事力量抽调到中东和非洲，也可以同中国在中东和非洲进行军事合作。"巴奈特说，"（美国）为了台湾而放弃这么多同中国的战略伙伴关系实在太不值得。"③

4. 欧文斯

2009年，美军前参谋长联席会议副主席欧文斯（Bill Owens）曾在英国《金融时报》撰文说，美对台军售已无必要。④

5. 美国前参谋联席会议副主席欧文斯⑤

他认为"美国必须开始把中国当朋友看待"，并且明确表示30年前订定的

---

① 《放弃台湾？美国如何抉择》，华夏经纬网，引用日期2013-01-09。
② 《放弃台湾？美国如何抉择》，华夏经纬网，引用日期2013-01-09。
③ 《五角大楼高参认为美国应放弃台湾而与大陆结盟》，新浪，引用日期2012-12-01。
④ 《五角大楼高参认为美国应放弃台湾而与大陆结盟》，新浪，引用日期2012-12-01。
⑤ 《美退役海军上将吁停对台军售》，美国中文网，引用日期2012-12-14。

《与台湾关系法》对美国的伤害大于好处;而军售台湾也非美国的最佳利益。欧文斯直指美中关系不能陷入旧强权必然与新崛起强权战争的历史循环;美国应该停止军售台湾,以获得中国的友好。美国对中国的政策不应是限制、竞争或看管,而应是合作、开放和信任。①

6. 季礼

2010 年 1 月,美国中国问题专家季礼(Bruce Gilley)教授在《外交事务》季刊撰文提出台湾问题的"芬兰化"主张。提出美国应抓住历史机遇,不再为台湾的安全提供保障,避免因此与中国为台湾问题产生兵戎相见的风险。

7. 史文

2010 年,美国著名中国问题专家史文也发表文章,主张美国放弃对台"六项口头保证",以避免美国现行台海政策可能引发的灾难。②

8. 格拉瑟

2011 年 3 月,美国《外交事务》期刊中,乔治·华盛顿大学格拉瑟(又译格拉泽,Charles Glaser)教授发文呼吁美国应重估"协防台湾"的承诺,放弃台湾防务可能是让美国与大陆维持和平,避免恶性武力竞争的办法。基于这些风险,美国应当考虑从它对台湾的承诺中后撤,这样就能消除美中之间最明显和争议性最大的冲突点,为两国今后几十年更好的关系铺平道路。③

9. 保罗·坎恩

2011 年 11 月 10 日,美国主流媒体又出现"放弃台湾"的言论,学者保罗·坎恩(Paul V. Kane)在《纽约时报》发表《拯救我们的经济,抛弃台湾》(To Save Our Economy, Ditch Taiwan)一文,呼吁奥巴马和中国展开协商,以美国停止对台军售与援助、提前终止"协防台湾"至 2015 年的公报,换取"一笔勾销"目前所持美国公债,如此一来,才能挽救美国经济,甚至确保奥巴马的连任之路。作者更引用美国参谋长联席会议主席马伦(Mike Mullen)去年所说:"对国家安全构成最大威胁的是国债。"认为奥巴马应该弄清楚"今天美国的就业及财富远比军事能力更为重要。"坎恩也认为,帮台湾是冷战时代的残余议题,美国部分政客对"红色中国""威胁亚洲"的恐惧已不合时宜,现在的美国需要新的外交政策,拉拢中国大陆,避免为了台湾和中国大陆开战,因为这一

---

① 《美国专家建议用放弃对台军售向中国大陆换国债》,新浪网,引用日期 2012-12-01。
② 《美国专家建议用放弃对台军售向中国大陆换国债》,新浪网,引用日期 2012-12-01。
③ 《"弃台论"无情窥见了未来"美台关系"之走向》,人民网,引用日期 2012-12-01。

战可能得耗费数万亿美元的军费，对现今财政困难的美国不啻雪上加霜。此外，坎恩还认为台湾与中国大陆已具备相当的经济关系，成立许多合资公司，台湾这个小岛被中国大陆"吸收"是必然的事，在这种情况下，美国在台湾的战略利益微小。[①]

10. 米尔斯海默

米尔斯海默（John Mearsheimer）认为：中国继续崛起对台湾有巨大的后果，不仅中国几十年后将比今天更强大，也仍将坚持台湾要成为中国的一部分，还将像美国主导西半球那样主导亚洲。美国将不遗余力地遏制中国实力增长。接踵而至的安全竞争，不管结果如何，都不利于台湾。时间不在台湾一边。华盛顿没有盟约义务在台湾遭受攻击时来"保卫台湾"，但美国有强烈的动因使台湾成为其制衡中国联盟中的重要一员，希望台湾的资产放在自己的战略制衡一边，而美国对台湾的承诺也关乎美国在本地区的可靠性。然而也有理由想到美台的这种关系长远看不可持续：在下个十年的某个时候，美国将不可能帮助台湾防御攻击；台湾离大陆那么近，离美国这么远；为台湾而战，美国决策者担心核升级，一定不愿意在中国大陆发动针对中国军队的重大攻击。美国聪明的策略是不要试图将核威慑延伸到台湾，因为台湾地区不是日本或韩国。美国可能终将放弃（forsake）台湾的第二个理由是：这是一个特别危险的冲突点，很容易引发不符合美国利益的中美战争。美国决策者理解台湾的命运是所有中国人的重大关切，如果看似美国在阻止中国统一，他们将极为愤怒，如果美台组成密切的军事联盟就是如此，而中国民族主义一定是导致危机的驱动力，战争因此变得更加可能。[②]

必须要指出的是，尽管美国学界甚至政界开始出现"弃台论"的主张，但这一主张尚未成为主流，还不是当前美国官方、学界的主流共识和声音，其影响力尚不够强大。美国主流对两岸的主张还是认为要把台湾视来一张牌，一张压制中国的好牌。

这也是特朗普上任以来，美国频频打出"台湾牌"的原因所在。美国政治精英决策层，多数声音仍然是挺台牌，但这种挺台的声音，其本质上仍然是将台湾视为其与大陆进行施压和讨价还价的筹码而已。例如，美国最近通过的不

---

① 《美主流媒体再现弃台论：拯救我们的经济 抛弃台湾》，人民网，引用日期 2012-12-01。
② 《"弃台论"再起 美国著名学者：告别台湾》，中评网，引用日期 2014-03-03。

少提案，都是由亲台议员所提，如美军舰依靠台湾，"台湾旅行法"等等，就有不少。但其成效还是递减的，中国不可能拿台湾问题来与美国交换。事实上，中国实力的增强，其对抗美国与美国打交道的信心增强，手段更多。

现阶段大陆的对台政策仍然坚持"一国两制、和平统一"的既定方针。大陆之所以始终要坚持和平统一的对台战略，主要还是考虑到两岸关系的特殊性，以及两岸同胞之情。海峡两岸都是中国人，都是中华儿女，两岸一家亲的情怀是不可能隔断的。事实上，即便在民进党重新执政后，大陆也采取了融合发展的政策，并没有放弃和平统一的政策，这当然是中华民族强烈情怀使然。

大陆的崛起过程中，在中华民族的复兴进程中，如果无法实现台湾回归祖国，当然不完美。中华民族复兴必然是要有台湾同胞在内共襄盛举才行。但我们要看到，中国的发展和崛起，为两岸和平统一积累了丰厚的物质基础。这是可喜的进度。

事实上，美国在台海地区长期独大的优势正在丧失。

海峡两岸在台海地区的对立已有 70 年，从总体来看，美国对台海地区的影响力呈现逐渐下降的态度，而中国则是快速上升，美国在台海地区长期独大的优势正在逐渐丧失。如果从历史纵向的发展来观察。这一脉络非常清晰。

1950 年前后，美国当时为了阻止中国共产党进军台湾，是直接用军事和武力手段来直接阻止解放军渡海解放台湾。这主要是由于当时美国国力过于强大，中国实力差距过于悬殊，美国的态度自然也格外嚣张。1979 年中美建交时，美国虽然未放弃对台湾的安全承诺，但也必须从台湾撤回军事力量，与台"断交"。这当然是美国在台湾力量的重大收缩。2010 年当中国在东海划航空识别区时，美国虽然有所抗议，但也是采取默认的态度。近年来，大陆军机绕台军舰绕台等动作，美国虽然多有抗议，但也无可奈何，美国国内甚至出现了"弃台论"的声音。

中进美退的态势并非现在，过去就是如此。只是随着中国实力的快速发展，这一进程会越来越快。尽管在这样的发展态势下，中国并不想以武力来将美国从台海地区驱逐出去，而是想采取和平的方式逐渐将美国从台海地区挤出去。这种可能性很大。中国并不想通过武力方式来解决台湾问题，但想通过社会交流，经济交流等民间路径来处理台湾问题，这种缓和的统一办法当然有助于缓解中美的对立与冲突。

参考文献

1.《邓小平文选》，北京：人民出版社，2004 年版。

2.《习近平谈治国理政》，北京：外文出版社，2017 年版。

3. 中共中央台湾工作办公室:《中国台湾问题》(干部读本)，北京：九州出版社，2015 年版。

海峡两岸关系研究中心编:《习近平总书记对台工作重要讲话专题摘编》，2018 年 3 月。

4. 李义虎等著:《"一国两制"台湾模式》，北京：人民出版社，2015 年版。

5. 严安林等著:《"一国两制"理论的实践与创新研究》，北京：九州出版社，2018 年版。

6. 邵宗海著:《两岸协商与谈判》，新北：新文京开发出版公司，2004 年版。

7. 王英津:《两岸政治关系定位研究》，北京：九州出版社，2016 年版。

8. 陈佳宏著:《海外台独运动史》，台北：前卫出版社，1998 年版。

9. 资中筠等著:《美国对台政策机密档案》，台北：海峡评论，1992 年版。

10. 王育德，黄国彦译:《台湾：苦闷的历史》，东京：台湾青年社，1979 年版。

11. 王育德著:《台湾：苦闷的历史》，台北：自立晚报，1993 年版。

12. 王育德著:《台湾：苦闷的历史》，台北：草根出版社，1999 年版。

13. 王育德著，侯荣邦译:《台湾独立的历史波动》，台北：前卫出版社。2002 年版。

14. 李明峻、赖郁君译:《日本统治下的台湾》，台北：玉山社，2005 年版。

15. 许世楷、原彬久、南冢信吾编著:《国际关系论基础研究》，东京：福村出版，1976 年版。

16. 许世楷:《许世楷文集》，台北：前卫出版社，1998 年版。

17. 许世楷、卢千惠:《台湾は台湾人の国：天になるごとく、地にもなさせたまえ》（はまの出版，2005 年）．（汉译本）邱慎、陈静慧译：《台湾是台湾人的国家》，台北：玉山社，2008 年版。

18. 卢千惠、许世楷：《阿妈阿公讲予囝仔听的台湾故事》，台北：玉山社，2013 年版。

19. 陈先才著：《台海危机管理模式研究》，北京：九州出版社，2010 年版。

20. 陈先才著：《台湾地区智库研究》，北京：九州出版社，2015 年版。

21. 陈先才著：《两岸非传统安全合作》，北京：九州出版社，2018 年版。

22.[日] 若林正丈：《台湾：分裂国家与民主化》，台北：月旦出版社股份有限公司，1994 年版。

22. 孔庆榕、张磊：《中华民族凝聚力学》，北京：中国社会科学出版社，2008 年版。

23. 孙同文、王家英：《台湾国族认同的再检验 :R 与 Q 的对话》，香港：香港中文大学，2004 年版。

24. 卢建荣：《台湾后殖民国族认同 :1950—2000》，台北：麦田出版社，2003 年版。

25. 卢建荣：《分裂的国族认同 :1975—1997》，台北：麦田出版社，1999 年版。

26. 林浊水：《瓦解的华夏帝国》，台北：台湾出版社，1985 年版。

27. 史明：《台湾民族主义与台湾独立革命》，台北：前卫出版社，2001 年版。

28. 叶春娇：《国族认同的转折：台湾民众与菁英的叙事》，台北：稻香出版社，2010 年版。

29. 许维德：《族群与国族认同的形成 :台湾客家、原住民与台美人的研究》，桃园："国立"中央大学出版中心，2013 年版。

30. 迈向 21 世纪的台湾民族与国家研讨会：《迈向 21 世纪的台湾民族与国家论文集》，台北：财团法人吴三连台湾史料基金会，2001 年版。

31. 施正锋：《台湾教科书中的国家认同——以国民小学社会课本为考察的重心》，台湾历史学会编：《历史意识与历史教科书论文集》，台北：稻乡出版社，2003 年版。

32. 施正锋：《台湾族群政治与政策》，台中：财团法人新新台湾文化教育基金会，2006 年版。

33. 施正锋：《台湾民族主义》，台北：前卫出版社，1994 年版。

34. 施正锋：《台湾政治建构》，台北：前卫出版社，1999 年版。

35 施正锋:《台湾人的民族认同》,台北:前卫出版社,2000 年版。

36. 施正锋:《族群与民族主义——集体认同的政治分析》,台北:前卫出版社,1998 年版。

37. 石之瑜:《族国之间——中国西南民族的身份策略》,台北:扬智文化,2004 年版。

38. 石之瑜:《两岸关系的深层结构:文化发展与政治认知》,台北:永然文化出版公司,1992 年版。

39. 林国章:《民族主义与台湾抗日运动(1895—1945)》,台北:海峡学术出版社,2004 年版。

40. 台湾历史博物馆:《中华民族在台湾》,台北:台湾历史博物馆,1972 年版。

41. 张亚中:《两岸统合论》,台北:生智文化事业有限公司,2000 年版。

42. 赖泽涵:《二二八事件研究报告》,台北:时报文化,1994 年版。

43. 赖泽涵:《悲剧性的开端:台湾二二八事件》,台北:时报文化,1993 年版。

44. 真相研究小组:《二二八事件责任归属研究报告》,台北:二二八基金会,2006 年版。

45. 赵昌平:《二二八事件受难者家属陈诉案调查报告》,台北:台湾"监察院",2004 年版。

46. 张清沧:《高雄市 228 事件真相探讨》,台北:鹿文文化事业股份有限公司,2010 年版。

47. 王建生:《1947 台湾二二八革命》,台北:前卫出版社,1990 年版。

48. 褚静涛:《二二八事件研究》,北京:社会科学文献出版社,2012 年版。

49. 褚静涛:《二二八事件实录》,香港:海峡学术出版社,2007 年版。

50. 杨克煌:《回忆"二二八"起义》,武汉:湖北人民出版社,1955 年版。

后　记

　　厦门大学台湾研究院作为中国大陆成立最早，也最为资深的对台学术研究重镇，取得了社会公认的学术成就。为发挥其在民进党研究领域的长期优势，特别在 2017 年成立了民进党研究中心，以统合和强化对民进党问题的相关研究。民进党研究中心将继续发挥与台湾各界学术交往密切的优势，秉持平实、理性、客观之立场，对涉及民进党的问题展开学术性、前沿性与综合性的研究。

　　在当前两岸时空背景下，厦门大学台湾研究院民进党研究中心特别推出"民进党研究"系列丛书，聚焦于民进党各个面向的研究，其初衷在于为关心台湾问题和民进党问题的学者、读者提供学术参考，以及全新的观察视角。"民进党研究"系列丛书将推出"透视台独"、"透视民进党"等专题。"透视台独"专题将出版《"台独"风险》《"台独"组织》《"台独"人物》等学术研究专著。《"台独"风险》则是问世的第一本。

　　在本书的写作过程中，作者曾多次赴台开展调研工作，获取了不少一手资料。同时，本书也得到了台湾学者及友人的鼎力支持，他们提供了很多有益的建议，从而使本书最终得以完稿并顺利出版。此外，我指导的博士研究生胡雪儿等也为本书的文字校对、图表设计等工作付出了辛劳，厦门大学台湾研究院以及九州出版社都对本书的出版给予了极大的支持，在此致上最深厚的谢意。

　　在本书即将交付出版之际，特别要感谢家人长期以来的陪伴及无怨的支持。

2019 年 7 月 17 日于厦门大学嘉庚祖营楼